호모 드라마쿠스

HOMODRAMACUS

호모 드라마쿠스

윤 진 지음

살림

대중문화는 '즐거움'이다. 어두운 극장 푹신한 의자에 파묻혀, 혹은 거실에서 리모컨을 손에 들고, 조금씩 영상에 빠져드는 나른한 쾌감을 생각해보라. 감미로운 음악은 우리의 지친 마음을 달래주고, 눈앞에 펼쳐진 신나는 혹은 슬픈 장면은 현실을 짓누르는 시지프스의 돌을 가볍게 해주지 않는가. 때로 우리는 따듯한 방바닥을 뒹굴며 만화와 무협지의 거침없는 세계 속을 헤매기도 한다. 그뿐인가. 컴퓨터 앞에 앉으면 그 순간 우리는 세계의 주인이 될 수 있고, 때로는 밖으로 나가 익명의 군중과 기꺼이 하나가 되기도 한다.

　하지만…… 대중문화는 '위험'이다. 우리가 누리는 은밀한 쾌감들은 무엇보다도 가상의 이미지를, 현실의 본질을 덮어버린 환상을 매개로 하기 때문이다. 가지고 싶지만 가질 수 없는 것을 잠시 갖게 해주는 것, 그것은 답답한 현실 안으로 신선한 바람을 불러들일 수 있지만, 동시에 우리를 그 안에서 길들이게 한다. 그래서 판타지는 고단한 삶에 대한 위안이 될 수 있지만 또한 우리를 욕망 충족의 환상 속에서 허우적거리게 할 수 있다. 결국 대중문화는 나르시스적인, 폐쇄적이고 분열적인 소외의 심연 위로 이미 한 발을 내딛고 있는지도 모른다.

　그럼에도 불구하고 대중문화는 '소통'이다. 익명의 개인으로 존재하는 대중들의 꿈이 만나는 자리이기 때문이다. 물론 소통의 환상은 오해를 낳기도 하고, 그래서 흔히 거칠고, 때로 유치하다. 하지만 수많은 독백들이 충돌하는 그 무질서의 틈새에서 바로 대중들이 꿈꾸는 소통의 가능성이 새어나올 것이다. 그것은 권위로 무장한 문화적 억압이 초래한 소통 부재를 드러내는 징표이며,

또한 그에 맞선 저항의 몸짓이기도 하다.

'탈중심'으로 특징지어지는 포스트모던 시대, 거대담론의 소멸은 우리에게 탈주와 창조력의 자리를 마련해주었지만, 그와 동시에 더 이상 기존의 잣대로 분류하고 분석해낼 수 없는 복잡한 문화현상들 속에서 개인과 집단의 정체성 추구는 더욱 힘겨운 싸움이 되었다. 고전적 개념의 문화가 보이는 것 너머의 보이지 않는 영원불변에 가치를 부여한다면, 따라서 중심을 지향하는 위계질서를 상정한다면, 오늘날 대중문화는 모든 것을 부정하는 것처럼 보인다. 다양한 현실들이, 때로 서로 모순되는 채로, 때로는 노골적으로 때로는 은밀하게, 뒤엉켜 공존하기 때문이다.

미디어 시대, 스펙터클의 시대…… 이 세상은 아름다운 이미지들로 가득차 있다. 현실을 드러내며 감추는, 그래서 현실과 분리된 이미지들, 즉 시뮬라크르들의 세상인 것이다. 이제 현실의 대용품인 가짜 현실들은 욕망의 일회용 배출구로서의 카타르시스를 제공하느라 여념이 없다. 여기에 문화산업의 논리까지 개입되면, 대중문화를 통해 끝없이 생산되고 소비되는 가짜들은 허위의식의 산물로서의 키치로 전락하게 된다.

그렇다면 우리의 삶의 일부가 되어버린 대중문화, 엄연히 존재하는 그 현실은 우리에게 어떤 의미를 갖는가? 중요한 것은 우리의 욕망이 환상을 낳고, 그 환상들이 문화를 만들어낸다는 것이다. 이때 환상은 윤리적 결함 혹은 거짓이라기보다는, 은밀한 욕망을 드러내는 판타지이다. 문화현상은 우리를 억압하는 것, 그리고 그 아래서 우리가 은밀하게 꿈꾸고 갈망하는 것이 드러나는 징후이자 기호인 것이다.

결국 문화에 대한 이해는 인간의 존재론적 조건으로서의 욕망에서 출발하며, 동시대의 사람들이 공유하는 가치 혹은 그 가치를 만들어내는 방식에 대한 비판적 이해로 확장되어야 한다. 떠도는 환상들의 근원에 어떤 욕망이 있는지, 집단적 환상 뒤에 숨어 대중을 조종하는 이데올로기가 어떤 과정을 거쳐 신화가 되는지, 그리고 억압의 결과인 대중문화가 어떻게 사회적 억압에 맞선 저항이 시작되는 자리가 될 수 있는지, 다시 말하면 어떻게 헤게모니 투쟁의 장으로 작동하는지, 이러한 문제를 읽어내는 것이 바로 문화론의 몫이다.

이 책은 2005년부터 월간 『인물과 사상』에 연재했던 글들을 보완한 것이다. 우선 2년 동안 새롭게 '업데이트'된 자료들을 추가했다. 끊임없이 새로운 현상들이 나타나고 사라지는 대중문화의 현실 속에서 2년은 상당히 긴(!) 시간임이 분명하다. 또 이미 다루었던 자료들 중에도 이전과 다르게 보이는 것들이 있었다. 한 걸음 떨어져서 대중문화를 바라보려는 시선 역시, 한 다리를 그 안에 걸치고 함께 울고 웃으면서, 같이 변화하는지도 모르겠다.

이 책은 또한 강의실에서 학생들과 함께 생각하고 이야기한 것의 기록이다. 2002년, 그러니까 월드컵 때문에 온 나라가 들썩이던 때 시작한 '대중문화' 강의는 영화와 드라마, 광고, 음악, 인터넷, 엔터테인먼트 프로그램들과 만화까지, 말하자면 우리를 둘러싼 모든 것을 자세히 바라보는 계기가 되었다.

내가 선생의 눈으로 학생들이 미처 보지 못하는 것을 밝혀주었다면, 학생들의 젊은 시선 역시 나에게 같은 역할을 해주었다. 6년 동안 함께 이야기한 그들에게, 가장, 감사하다. 그리고 우리의 이야기가 더 많은 사람들과 만날 수 있게 해준 '살림'의 여러분들에게도, 무척, 감사하다.

2008년 2월
윤 진

차 례

Homo dramacus

1장

소통을 꿈꾸다

Homo dramacus

Homo

dramacus

세상과 소통하기

| 대한민국은 접속중

영화 「접속」을 기억하는가? 얼굴도 이름도 모르는 두 남
녀가 ID만으로 존재하며 상대방의 마음속에 자리 잡아가는 과정을 보
여준 이 영화는 우리나라 멜로의 새로운 중흥을 예고하는 동시에, 인터
넷이 물질적 변화를 넘어 우리의 정서 자체에 가져올 변화를 예고했다.

전용선 없이 전화선을 통해 접속하던 PC통신이 이미 선사시대의
유물이 되어버린 유비쿼터스의 시대에, 바야흐로 IT강국 대한민국은
어린이부터 노인까지 아침부터 밤까지 은밀한 내실에서 익명의 대중
이 오가는 광장까지 그야말로 누구나 언제 어디서나 접속중이다.

우리는 왜 접속을 하는가? 정보를 얻기 위해서라는 것이 일차적인
대답일 것이다. 영화를 보고 싶으면 인터넷의 정보를 뒤져 어떤 영화
를 볼지 결정하고, 언제 어디서 볼 수 있는지 확인하고 사이버 결제를

대한민국은 그야말로 누구나 언제 어디서나 접속중이다

통해서 예매를 한다. 영화를 보고 나서 저녁 먹을 장소가 마땅치 않으면 '야후(Yahoo) 거기'를 치고 영화감독의 필모그래피를 알기 위해서 '네이버(Naver) 지식인'을 친다. 또 같은 영화를 본 다른 사람들의 생각이 알고 싶어지면 '다음(Daum) 영화'를 친다.

휴대폰도 마찬가지다. "때와 장소를 가리지 않는다"는 초기 광고의 카피처럼, 휴대폰은 이제 전화기를 찾아 움직일 필요가 없게 해주고, 내가 필요할 때면 언제 어디서나 연결을 제공해주는 든든한 무기가 되었다. 심지어 이젠 누군가를 만나기 위해서 구체적으로 어디에서 몇 시에 보자고 약속할 필요도 없다. 누구나 휴대폰을 손에 들고 있기 때문에 그저 몇 시 '쯤' 어디 '근처'에서라고만 약속해도 아무런 문제없이, 때로는 더욱 쉽게 만날 수 있기 때문이다.

내가 원할 때 언제나 소통할 수 있는 세상, 로그인만 하면 들어갈 수 있고 로그오프만 하면 빠져나올 수 있는 세상, 그것이 바로 온갖 첨단 장비를 갖추고 자유로이 이 세상을 누비는 신(新) 유목민들, 즉 디지털 노마드(digital nomad)의 세상이다. 하지만 우리는 이렇게 묻게 된다. 이렇게 풍요로워진 소통 덕분에 우리는 과연 이전보다 더 가까이 서로에게 다가가게 되었는가? 언제나 소통 가능한 세상에 대한 열광은 어쩌면 소통 없이 혼자인 시간에 대한 두려움의 이면은 아닐까?

홀로 태어나서 홀로 삶의 의미를 찾아가고 홀로 죽어야 하는 인간에게 혼자 있는 시간은 자기 자신의 본질과 대면하는 소중한 시간이 될 수 있지만, 동시에 존재론적 불안을 감내해야 하는 힘겹고 두려운 시간이기도 하다. 오늘날 우리가 누리는 최첨단의 디지털 의사소통은 우리로 하여금 바로 이런 시간을 피하게 해주는 것이 아닐까? 디지털 자본주의의 가장 큰 적은 무료하고 불안한 아날로그적 시간인 것이다. 더구나 새로운 소통은 함께 있음의 번거로움도 피하게 해주지 않는가. 함께 있기 위해서는 나의 존재를 내걸어야 하는데 거절당할 위험 없이 함께 있을 수 있다는 것은 참으로 유용한 방법일 것이다.

홀로 있지만 언제나 누군가와 함께 있는 것, 그것만큼 매력적인 것이 있을까? 결국 새로운 소통은 점점 더 개인화, 단편화되는 삶 속에서 세상과 나를 연결하는 심리적인 끈으로, 보다 정확히는 내가 세상과 연결되어 있다고 안심시키는 심리적 장치로 존재하는 것인지도 모른다. 그래서 사람들은 아무것도 하지 않아도 되는, 혹은 할 일이 없는 시간이 되면 휴대폰을 꺼내 들고 만지작거린다. 그리고 방에 홀로 앉아 실존의 외로움에 시달릴 때보다, 군중 속에서의 고독에 지쳐버렸을 때보다, 깜빡 잊고 두고 온 휴대폰 때문에 하루 종일 전전긍긍하다 돌아왔지만 '부재중 전화'나 '수신 메시지'의 흔적이 남아 있지 않을 때, 세상과의 단절감이 훨씬 더 절망적으로 파고든다.

이러한 상황에서 우리가 집착하는 소통은 타자와의 소통이라는 의미보다는 나에게서 출발해서 나에게로 되돌아오는 나르시스적 소통에 가깝다. 사회화라는 본래적 의미를 상실한 것이다. 옛날 유목민들이

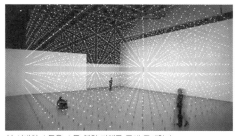
이 시대의 소통은 소통 행위 자체를 통해 존재한다

삶의 터전인 신선한 풀을 찾아 이동했다면, 이제 많은 디지털 노마드들이 찾아 헤매는 초지(草地)는 소통의 환상 아래 감추어진 유랑의 쾌락 그 자체일지도 모른다. 소통이 아니라 소통을 연출하는 위안 혹은 쾌락 말이다. 중요한 것은 왜 접속하는가, 어디에 접속하는가, 라는 물음이 아니다. 그보다는 지금 어디든 접속중인가, 그 접속이 지루하지 않고 즐거운가, 하는 것이다.

영화 「매트릭스」에서 네트워크가 끝없이 펼쳐지던 장면을 기억하는가? 새로운 의사소통이 이루어지는 공간은 아득하게 펼쳐져서 언제든 길을 잃을 수 있는 공간이기도 하지만, 그래서 더욱 속도의 아찔함과 내맡김의 관능이 존재하는 공간이다. 그곳은 산책하듯 걸어 다니는 곳, 힘겹게 뛰어다니는 곳이 아니다. 인터넷 서핑이라는 표현이 보여주듯 내가 그냥 있어도 저절로 움직이는 공간이다.

결국 새로운 소통의 매체가 넘쳐나는 이 시대의 소통은 그 내용을 통해 존재하는 것이 아니라 소통행위 그 자체에서, 보드리야르식으로 말하자면 소통을 연출하는 즐거움, 소통의 환희(ecstasy)를 통해 존재하는 것이다.

참을 수 없는 소통의 가벼움

삶의 터전이 제한된 공간을 넘지 못하던 시절, 사람들은 대부분 직접적이고 물리적인 접촉을 통해 타인과 소통했다. 시공간적인 동일성을 벗어나는 소통들은 당연히 아주 느리게 이루어졌다. 옛날 남쪽 바다의 전과(戰果)를 조정에 알리던 장계(狀啓)를 생각해보라. 이후 사람들의 삶의 범위는 점점 더 확장되었고, 대면 소통은 한계에 부딪히게 된다. 그러한 상황에서 사람들의 소통을 담당한 것은 편지와 전화였다. 그리고 글과 말을 대표하는 이 두 가지 의사소통 도구는 정보화 시대에 이르러 전자메일과 휴대폰으로 다시 한 번 진화하게 된다.

사실 전자메일과 휴대폰이 우리의 소통 양식에 가져온 변화는 이른바 정보혁명을 상징적으로 보여준다. 휴대폰은 이름 그대로 들고 다닐수 있어서 언제나 통화가 가능하며, 또 개인의 소유를 전제하기 때문에 대화 상대자를 확인할 필요도 없다. 거실에 장착된 전화기로 가족들이 모이던 시대는 끝나고 각기 자기 전화를 들고 집 안을 이동하는 유목의 시대가 온 것이다. 전자 메일 역시 대부분의 경우 개인을 따라다니는 주소인지라 연락이 끊길 위험이 없다. 더구나 하루 24시간 중언제라도 '보내기'를 클릭하는 순간 즉시 전달되며 한 번 써서 여러 명에게 동시에 보낼 수도 있다.

그런데 여기서 중요한 것은 이러한 변화가 단순히 물리적 편리함의 영역을 넘어 의사소통의 양식에, 나아가 소통되는 것의 의미와 소통하는 사람의 정서 자체에 변화를 가져왔다는 것이다. 맥루한의 말대로

미디어는 메시지가 아닌가!

편지란 원래 발신인과 수신인의 관계에 의거한 형식이 있고 또한 보내고 받는 동안의 기다림이 있었다. 하지만 전자메일은 우선 글의 규모 자체가 작아지면서 대부분의 경우 시작과 끝의 형식이 축소되고 본론만 간단히 제시된다.

글쓰기의 양태도 바뀐다. 언제든 수정, 편집이 가능한 컴퓨터의 글쓰기는 문장 구조 자체에, 나아가 글을 쓰는 사람의 사고 구조에도 영향을 미칠 수밖에 없는 것이다.[1] 휴대폰 역시 즉각적인 소통을 가능하게 한다는 편리함 외에도 소통의 문법 자체가 달라진다. 예를 들어 '발신자 표시' 서비스는 발신자와 수신자 간의 확인 절차 자체를 지워버림으로써, 그야말로 단도직입적으로 대화에 들어갈 것을 요구한다(그래서 전화를 걸 때는 자기를 먼저 밝혀야 한다는 통화예절을 습득한 세대에게 휴대폰의 통화문법은 상당히 낯설다).

이제 메신저의 등장으로 소통의 주기는 더욱 짧아졌다. 어느새 휴대폰 통화나 전자 메일이 오히려 어느 정도 공식적이고 의례적인 소통의 양식이 되어버렸을 정도이다. 이른바 실시간 커뮤니케이션을 가능하게 하는 메신저는 시공간적 한계를 넘어(통화 가능한 인원의 한계도 사라졌다) 컴퓨터 앞에 앉은 모든 사람들을 대화로 불러낸다. 컴퓨터 앞에 앉

---

1 사실 이것은 컴퓨터를 사용한 글쓰기 전체에 해당된다. 수정할 때마다 흔적이 남는, 흔적을 남기지 않기 위해서는 매번 새로 써야 하는 전통적 글쓰기가 어느 정도 완료된 사고를 전제로 한다면, 컴퓨터상의 글쓰기는 그 내적 질서 자체가 즉흥성 혹은 유연성을 허용하는 것이다.

는 모든 사람이 언제라도 이루어질 수 있는 대화를 준비하며 대기 상태인 곳, 인터넷은 이제 무한한 소통의 바다가 된 것이다.

홈페이지들에 마련된 방명록이나 게시판의 글들 역시 유사한 기능을 한다. 물론 '친구'로 등록되는 절차를 거치는 메신저와 비교해서 그 익명성의 정도에는 조금씩 차이가 있지만 즉각적인 다자간 소통이라는 점에서, 그리고 컴퓨터 앞에 앉은 누구에게나 역시 컴퓨터 앞에 앉은 누구와도 대화하도록 손짓한다는 점에서 무한한 소통의 가능성을 제공한다.

그런데 이러한 온라인 소통은(휴대폰의 문자 메시지도 포함된다) 기본적으로 음성에 의한 소통이 아니라 문자화된 소통이다. 하지만 그것은 문자를 매개로 하면서도 사실상 글이라기보다는 말에 가까우며, 그렇지만 결국은 글을 통해 전달될 수밖에 없는 말이라는 점에서 글의 조건에서 자유롭지 못하다.

이러한 절충형 최첨단 글쓰기는 기존의 말과 글을 결합한 모호한 양태를 보인다. 가장 큰 특징은 간결성이다. 메시지 전달을 위한 코드 조율 절차 자체가 배제되고, 최소한의 전언적 기능만 남기 때문이다.

그리고 이렇게 간결해진 글쓰기는 경쾌한 가벼움을 선호한다. 간결하고 때로는 함축적이 된다. 이때 사지(四肢)를 잃고 몸통만 남은 메시지를 보충하는 것이 바로 '이모티콘(emoticon)'이다. 이것은 발신자의 감정 상태를 표시하고 수신자의 감정 상태를 배려하면서, 말로 행해지는 의사소통을 수반하는 비언어적 소통의 기능을 수행한다.

무한히 발전중인 이모티콘은 즉흥성, 유연성으로 특징지어지는 새

로운 글쓰기에 더 많은 자
유를 부여함으로써 인터
넷상의 글쓰기 공간을 유
희의 장으로 만드는 데 기
여하는 중이다. 이렇게 유

이모티콘은 즉흥성, 유연성으로 특징지어지는 새로운 글쓰기에 더 많
은 자유를 부여하고 있다

쾌해진 세계 안에서 사람들은 더욱 자유롭고 대담해지며, 아마도 그
바깥에서는 정확히 그 몫만큼 거북하고 소심해질 것이다.

결국 우리는 앞에서 이야기한 소통에의 갈망으로 되돌아가게 된다.
대화의 통로를 설정하는 접촉 기능, 다시 말해 야콥슨의 의사소통 모
델에서 말하는 친교적 기능이 소거된 소통은 이내 오히려 모든 것을
친교적 기능으로 소급시키지 않는가. 접촉 기능이 소멸된 만큼 메시지
의 내용이 충실해졌다기보다는 내용이 사라진 메시지 자체가 접촉 기
능을 대신하게 되는 기이한 상황인 것이다.

여기서 다시 한 번 접촉에의 갈망 이면에는 거리 두기의 편안함이
담겨 있다는 역설을 만나게 된다. 존재론적 고독을 피해 네트워크 속
에서 서로 연결된, 다시 말해 접속된 상태이지만 더 다가가는 것, 진지
하게 다가오는 것은 거부된다. 경쾌한 가벼움은 친근감의 표현이라는
외관을 띠고 있지만 어쩌면 더 이상 다가오지 못하게 가로막는 고슴도
치의 바늘일지도 모른다. 그것은 접촉의 두려움과 접촉에의 갈망이라
는 두 욕망의 공존이 만들어낸 게임의 법칙인지도 모른다.

| 싸이월드의 쾌락

　　싸이월드는 새로운 소통의 특성을 단적으로 보여주는 예이다. 새로운 스타일의 개인 홈페이지로 등장한 싸이월드는 기존 홈페이지의 특성에 좀 더 섬세한 여러 가지 기능이 추가되면서 짧은 시간에 수많은 네티즌을 사로잡았다. 무엇보다도 별도의 기술이 없어도 주어진 포맷을 따라가기만 하면 쉽게 만들 수 있으면서도 그 틀 안에서 각자의 취향을 최대한 발휘할 수 있는 장치들이 마련되어 있다는 점이 가장 기본적인 매력일 것이다. 체험, 생각, 취향……. 싸이월드는 심지어 그날그날의 기분까지 자기만의 방식으로(때로는 은밀하게 때로는 노골적으로) 드러낼 수 있는 자기표현의 장(場)인 것이다.

　　또한 싸이월드는 자유롭게 삶의 흔적을 쌓을 수 있는 저장고이기도 하다. 최첨단 디지털 카메라를 손에 들고서 그날그날 체험한 것들을 즉시 이미지로 기록하여 싸이월드 안에 저장하는 '호모 디카쿠스'들을 보라. 그것은 원래 의미대로의 라이프캐싱(life caching), 즉 삶을 기록하고 모아두기이다. 그런데 매일매일 싸이월드에 업데이트되는 정보들은 인터넷 검색창에 나열되는 수많은 정보들이 그렇듯이 단편적인 상태 그대로 모아질 뿐이다. 그것들은 의미를 찾아 재구성될 필요가 없다. 싸이월드는 무수히 많은 개인들이 띄워 보낸, 역시 무수히 많은 단편적인 욕망들이 그대로 떠다니는 세계이며 서로 바라볼 뿐 침투하지 않기에 '사이좋은' 세계이다.

　　하지만 싸이월드는 무인도처럼 고립된 세계는 아니다. 언제나 보아

싸이월드는 서로 바라볼 뿐 침투하지 않기에 '사이좋은' 세계이다

줄 사람을 전제하기 때문이다. 말하자면 인터넷을 무대로 하여 사적인 삶을 타인과 공유하려 하는 이른바 '퍼블리즌'들이 즐기는 라이프캐싱인 것이다. 그 과정에서 타인의 평가가 가시적으로 주어지기도 한다. '투데이' '페이머스'라 불리는 조회수와 방명록의 갯수는 그 집을 인정해준 사람들의 숫자가 되며 당연히 집주인의 가치로 연결된다. 이 점에서 '일촌 맺기'는 '사이좋은 세계'가 행하는 대표적인 친교 기능이다.

사이버 혈연에 기반을 둔 이러한 커뮤니티가 '주인장'의 시선 아래 놓인 '카페' 등 기존의 커뮤니티와 다른 수평적 확산의 매력을 제공하는 것은 사실이다. 심지어 '파도타기'에 담긴 무한한 확장 가능성까지 생각해보라. 일촌의 일촌으로 계속 넘어가면서 말 그대로 인맥(人脈)의 네트워크가 구성될 수 있는 것이다.

하지만 중요한 것은 그것이 현실에서의 인간관계를 확장시키지 못한다는 사실이다. 사이버 세계에서의 친밀도는 실제 삶에서의 친밀도와 일치하지 않을 뿐 아니라, 종종 아예 무관할 때도 있다. 그렇게 해서 우리는 안다고도 할 수 없고 모른다고도 할 수 없는 기이한 형태의 인간관계를 갖게 되는 것이다.

이러한 특성은 역시 색다른 친교 맺기를 시도했지만 그다지 성공을 거두지 못한 '아이러브스쿨'과 비교해볼 때 더욱 잘 드러난다. 우리에게 과거는, 보다 정확히는 과거의 추억은 이미 현실이 아니라 기억의 영역이다. 추억이 아름다운 것은 바로 현실과 단절되어 있기 때문이다. 따라서 기억 속에서 아름답게 남아 있는 과거는 현재 속에 복원되는 순간 현실이 되고 그 순간 매력을 잃게 되는 것이다. 이에 비해 싸이월드는 영원히 현재의 파도타기를 이어가기 때문에, 꿈을 현실이 아니라 또 다른 꿈속에서 실현시키기 때문에, 다시 말하면 실현하지 않고 실현하는 척만 하기 때문에 영원히 현재형으로 이어진다. 우리는 끝없이 지연되는 욕망의 기호들을 소비하는 것이다.

정보나 가치의 공유가 존재하지 않는 세계, 드러내기와 구경하기가 있을 뿐인 세계, 이것이 바로 싸이월드의 사이좋은 세계이다. 안과 밖을 연결하는 동시에 분리하는 유리창을 생각하면 된다. 싸이월드에 지어진 집은 마음껏 나를 드러내지만 타인은 절대 안으로 발을 들여놓을 수 없는 자유의 공간이며, 하지만 유리창 밖의 시선에 대한 배려가 가득 찬 구속의 공간이다.

이런 싸이월드의 심리적 기저에는 노출증적 쾌락이 있다고 말할 수 있다. 노출증은 당연히 타인의 집을 유리창 안으로 들여다보는 사람들, 보고 있는 자신을 내걸지 않고 안을 들여다보는 사람들의 관음증적인 시선을 상정한다. 집주인과 방문자가 소통하는 즐거움이라기보다는 두 사람이 각기 은밀하게 누리는 쾌락이 있는 것이다. 싸이월드는 나르시스적인 자기애(自己愛)와 인정(認定)투쟁을 교묘하게 결합해서 우리가 갈망하는 소통의 꿈을 교묘하게 조율하는 쾌락의 마술 상자이다.

| 새로운 광장으로?

        아날로그에서 디지털로의 진화는 우리의 삶에 참으로 큰 변화를 가져왔지만, 그런데도 소통은 더욱 힘겨워졌다. 의미 구성을 통해 단일화를 거부하거나 포기하는 발신자와 역시 모호한 대상으로 흩어져 존재하는 수신자를 이어야 하기 때문이다. 다시 말하면 한편에는 소통을 갈구하지만 동시에 소통이 거부될까 두려워하는 발신자가 있고, 다른 한편에는 가상도 아니고 현실도 아닌 모호한 자리에 있는, 즉각적인 반응이 올 수도 있고 갑자기 사라질 수도 있는, 있으면서도 없고 없으면서도 있는 타자로서의 수신자가 있는 것이다.

    그렇다면 새로운 소통이란 결국 나르시스의 환상에 빠진 나의 밀실일 뿐인가? 혹은 네트워크로 끝없이 확장되는 우리인가? 분명한 것은, 인간은 소통을 원하며, 완전한 소통이 불가능해진 시대에 소통에의 갈망은 소통의 환상을 낳는다는 것이다. 여기서 모두가 동의하는 또 한 가지는 새로운 소통양식이 소통의 부재를 낳았다기보다는 역으로 소통의 부재 자체가 새로운 소통 양식을 확산시킨 요인이라는 것이다.

    그렇다면 새롭게 소통을 세우는 과정은 소통의 부재 그 한가운데서 출발할 수밖에 없지 않겠는가. 소통의 환희가 자폐적 공간 안에서 소멸되지 않고 밖으로 걸음을 내디딜 때, 다시 말하면 밀실의 개인적 욕망들과 광장의 성숙한 에너지가 공존할 때 새로운 소통의 문이 열리지 않겠는가?

    사실 우리 사회는 아주 오랫동안 밀실과 광장이 가혹하리만치 분명하게 분리되는 삶을 살아 왔다. 각자 밀실 안에 칩거하거나, 개인의 욕망과 관계없이 획일화된 광장에 끌려 나가야만 했다. 이 점에서, 지극히 사적이고 사소하기에 광장에서 배제되었던 욕망들이 자유롭게 드러난다는 것은 그 자체만으로도 상당한 파괴력을 지닌다고 말할 수 있다. 진지함과 권위가 격식을 통해 안과 밖을 구별함으로써 성립되는 것이라면, 권위 자체를 부정하는 자유로움만이 그것을 전복시킬 힘을 지닐 수 있을 것이다.

권위의 진지함에 '딴지'를 걸고 '똥침'을 날리는 글쓰기들의 유희역시 같은 관점에서 이해할 수 있다. 또한 이른바 'web 2.0' 시대의주역인 블로그가 보여주듯, 정보를 찾아내서 수집하고 받아들이는 데머물지 않고 보다 적극적으로 공유하는 새로운 소통 양식은 오랫동안우리 사회를 지배해온 수직적 관계에 대한 대안이, 그리고 싸이월드식의 나르시스적 유희에 대한 대안이 될 수 있을지도 모른다. 실제 새로운 광장 위를 뒹구는 글들 중에는 제도라는 틀에 걸려져 권위를 얻은글들에 조금도 뒤지지 않는, 때로는 훨씬 더 좋은 것들이 많이 있다.전문 기자의 글보다 '재야 고수'의 글이 더 자유롭고 독창적이며, 그래서 더 깊고, (다른 방식으로) 진지할 수 있는 것이다.

이제 누구나 자유롭게 말하고, 그 작은 담론들이 링크되면서 정보가공유되고, 나아가 능동적으로 재생산된다! 그렇게 해서 공식 언론이전문성의 이름으로 재생산하는 지배 이데올로기에 대해서도 비판적거리를 유지할 수 있게 된다.

이미 상당수의 블로그들이 온라인 개인 일기장의 수준을 넘어, 권력

'당신(You)', 2006년 『타임』지의 '올해의 인물'

의 힘으로 가려진 현실을 드러내는 '뉴스 게릴라'의 기능을 수행하고 있지 않은가. 우리가 블로그를 인터넷 민주주의 시대의 주역인 '1인 미디어'라고 부르는 것은 바로 그 때문이며, 아주 천천히 이루어지는 자정(自淨) 능력을 동반할 때 그것이 대안 미디어가 될 수 있으리라 기대하는 것 또한 같은 이유에서이다.

물론 이러한 안으로부터의 해체는 필연적으로 혼란을 동반할 것이다. 사회를 동질화시키는 거대담론의 소멸은 우리에게 자유와 창조력의 자리를 마련해주지만, 그 대가로 더 이상 기존의 잣대로 틀 지울 수 없는 다양한 현상들 안에서 개인과 집단의 정체성 추구는 더욱 힘겨워질 것이다. 보드리야르식으로 말하면 정보의 '폭발' 속에서 의미가 '함열'되었기 때문이고, 프레더릭 제임슨식으로 말하면 '역사화'되지 않은 단편적 현재들이 나열되어 있기 때문이다. 하지만 중요한 것은 새로운 소통은 더 이상 선택의 문제가 아니라 사실이라는 점이다.

디지털에 지친 사람들이 말하는 '디지로그(digilog)'는 디지털의 가벼움을 아날로그로 보충한 대안이라기보다는 어쩌면 익숙한 옛날을 그리워하는 향수에 지나지 않을지도 모른다. 벤야민의 말대로 원본만이 지니던 아우라가 붕괴되고 심지어 원본에 남아 있던 흔적마저도 사라져버린 지금, 우리 삶의 정체성은 이전과 다른 방식으로 형성될 수밖에 없지 않은가?

　포스트모던 사회의 나르시스적 소통이 사회적 의미를 포기함으로써 개인들의 사회화를 저버린다면, 2006년 『타임』지가 '올해의 인물'로 선정했다는 '당신(You)', 보다 정확히는 '컴퓨터 앞에 앉은 당신'들의 연결이 만들어내는 네트워크화 된 개인주의는 과연 어디로 갈까?

2장

변하는 욕망,
여성과 남성

Homo dramacus

Homo dramacus

광고, 그 은밀한 여성성의 유혹

　　헤라, 아프로디테, 아테나……. 그리스 신화에 등장하는 아름다운 여신들이다. 또 다른 여신 에리스가 이들 앞에 '가장 아름다운 이에게'라는 구절이 적힌 황금사과를 던지는 순간 불화가 시작된다. 아름다움이라면 누구에게도 뒤지지 않는다고 자부하고 있었던지라 세 여신 모두가 자기가 사과의 주인이라고 주장한 것이다.

　　난감해진 신들은 판결을 회피하고, 양치기 청년 파리스가 그 일을 떠맡게 된다. 자기를 선택해주는 대가로 헤라가 왕의 권력을, 아테나가 군사적 힘을, 아프로디테가 아름다운 여인을 약속했을 때, 우리의 청년이 무얼 선택했을지는 설명할 필요도 없다. 아프로디테는 약속대로 파리스에게 그리스 최고의 미녀 헬레네를 준다. 양치기로 자랐지만 사실은 트로이의 왕자인 파리스와 이미 스파르타의 왕 메넬라오스의 아내이던 헬레네의 사랑……. 아름다움을 둘러싼 다툼은 결국 트로이를 잿더미로 만드는 불씨가 된다.

에리스가 여신들 앞에 황금사과를 던지는 순간 불화가 시작된다

불화의 여신이 던진 사과의 근원에는 나르시스가 자리 잡고 있다. 물에 비친 자기 자신의 모습을 사랑하는 나르시스처럼, 모든 여인은 거울 앞에서 자신의 모습과 사랑에 빠진다. 그리고 그 거울 속엔 언제나 파리스의 사과가 놓여 있다. 나르시스의 욕망과 좌절을 담은 사과, 경쟁자의 선망과 질투로 얼룩진 사과가…….

아름다운 여자는 여전히 욕망의 대상이고 선망의 대상이다. 이미지의 시대, 스펙터클의 시대에 우리의 시선은 아름다운 여자들의 모습에 젖어 있지 않은가! 그중에서도 가장 매혹적인 이미지를 만들어내는 것은 당연히 광고 속의 여자들이다. 광고란 결국 사람들의 마음을 움직여 모종의 결과를 얻어내야 하기에 우리의 감각을 자극하는 유혹이 가장 전략적으로 사용되기 때문이다.

광고는 무언가를 설명하지도 의미를 제시하지도 않는다. 오히려 의미를 없애고 동어반복적 이미지를 제시할 뿐이다. 할리우드 영화의 예고편을 보는 듯한 애니콜 광고는 도대체 무엇을 말하려 하는가. 말하지 않고 놀지 않고 사랑하지 않는 '침묵의 도시'를 구원하러 온 애니밴드, 이들이 외치는 'Talk Play Love'는 과연 더 나은 세상을 만드는가. 애니밴드가 외치는 세상은 그저 감미로운 이미지로, 즉 시아준수의 얼굴로, 보아의 목소리로, 아름다운 이국적 풍경으로 존재할 뿐이다. 체 게바라의 얼굴이 그려진 스타벅스의 커피 잔으로 커피를 마실 때 체 게바라가 상징하는 저항정신이 무엇인지, 스타벅스가 상징하는 자본주의 원리가 어떤 것인지가 아무런 의미 없는 질문인 것과 마찬가지로, 특검법을 필요로 하는 재계 공화국이 원하는 것이 어떤 세상인지 아무도 묻지 않는다.

이미지에 복종하라! 이것이 바로 광고의 정언명령이다. 이미지의 유혹을 받아들여 허구적 만족을 즐겨라! 지오다노 광고에서 무방비 상태가 된 우리의 시선 앞에서 춤에 빠져든 전지현의 모습을 기억하는가? 그때 흘러나오는 satisfaction, satisfaction, satisfaction……. 광고의 동어반복은 말하자면 마법사의 주문 같은 것이다. 그것은 기의로부터 떨어져 나와 떠도는 기표인 이미지들을 우리의 욕망과 만나게 하는 주문이다.

이 주술에 걸려든 사람이 누리는 만족은 자기 자신과 대상과 세계에 대한 환상을 깔고 있다. 욕망의 주인이 자기이고, 욕망이 충족될 수 있다는 환상 말이다. 하지만 욕망은 어차피 대상이 없으며 충족될 수 없다. 끊임없이 촉발되며 끊임없이 연기된 채 떠돌아다닐 뿐이다. 포스트모던 시대의 광고는 언제 어디서나 누구나의 욕망을 촉발하고 마치 포르노의 장면들처럼 비현실적인 강렬함으로 충족의 환상을 제공하면서 우리의 욕망을 길들인다.

| "여자의 피부는 권력이다" |

아름다운 여자를, 보다 정확히는 그 이미지를 대중의 욕망과 선망의 대상으로 만드는 대표적인 광고는 역시 화장품 광고이다. 많은 여배우들이 언젠가 한 번은 화장품 모델이 되기를 꿈꾼다는 데서 알 수 있듯이, 화장품 광고는 그 시대가 꿈꾸는 아름다움의 환상을 집약적으로 보여주는 이른바 '뷰티 아이콘'을 만들어낸다.

아름다운 그녀들의 우아한 표정, 클로즈업된 얼굴에 번지는 환한 미소는 화장품의 성분이나 기능에 대한 설명이 우리를 설득하는 것보다 훨씬 더 빠른 속도로 우리 마음속으로 파고든다. 선망의 대상인 그녀들은 그래서 언제나 당당하다. 심지어, "여자의 피부는 권력이다."라지 않는가.

최근엔 웰빙(well-being) 열풍을 반영하듯 화장품의 도움을 받아 만들어낸 화려한 아름다움보다는 자연스러움이 주인공이다. '한 듯 안 한 듯' 화장을 해도 아름다울 수 있는 여자가 꽃을 만지작거리며 말한다. 자긴 '아무리 예뻐도' 생기 없어 보이는 건 싫다고 자연스러운 게 좋다고. 그리고 나이를 잊은 듯한 중년의 모델은 '맨얼굴로' 외출하고 싶지 않으냐고 묻는다. 화장한 것처럼 보이지 않는 자연스러운 아름다움을 만들어주는 화장품, 나이가 들었으나 '나이를 되돌리는 아름다움'을 만들어주는 화장품, 이 자연스러움과 자연스럽게 보임의 사이에서 젊음과 젊어 보임의 사이에서 이미지의 유희가 벌어지는 것이다.

흔히 흠 잡을 데 없는 미의 기준이라고 이야기되는 황신혜와 김희선을 비롯하여 그야말로 수많은 모델들이 자신의 아름다움을 과시했지

만, 화장품 광고의 매력으로 가장 호
소력 있는 요소는 역시 깨끗함과 유
혹의 조화가 만들어내는 우아미일
것이다. 전범적 규칙을 벗어난 자유
의 이미지, 약간의 일탈적 이미지를
담고 있는 이나영이 화장품 광고에
서보다 아이스크림 광고나 닌텐도

화장품 광고는 그 시대가 꿈꾸는 아름다움의 환상을
집약적으로 보여주는 '뷰티 아이콘'을 만들어 낸다

광고에서 더 아름다운 것은 바로 그 때문이다.

이 점에서 이영애는 독보적이라고 말할 수 있다. 90년대 초 '산소
같은 여자'가 등장한 이후, 아침에 일어나 잠들 때까지 이영애가 나오
는 광고 속 물건들로 살아갈 수 있다는 '이영애의 하루'가 말해주듯 그
이미지는 10년이 훨씬 넘도록 그대로 이어지고 있다. 물론 나이와 함
께 깨끗함과 순수함보다는 단아한 품위가 그녀의 상징이 되고 있고,
이제 국내 최고가라는 화장품의 광고 속에서 '왕후'의 품격을 발산하
고 있다. 최근 새로운 CF 퀸으로 등극한 김태희의 경우 특히 화장품
광고에 적합한 이미지의 힘은 조금 약하지만, 아마도 그녀의 학벌이
제공해준 명석함이 더해져 그 부분을 채워주고 있을 것이다.

화장품 모델들이 순수미로 시청자의 시선을 사로잡는다면, 휴대폰
에서 음료, 옷까지 그야말로 온갖 광고를 누비고 있는 전지현과 이효
리는 보다 도발적이고 강렬한 이미지로 승부를 건다. 요염함의 자극이
포함된 매혹미로 분류될 수 있을 이 둘의 공통점은, 일반적으로 뷰티
아이콘을 내세운 광고들이 얼굴을 클로즈업하는 것과 달리, 몸의 이미

지를 적극적으로 활용한다는 것이다(전지현이 등장하는 화장품 광고에서 몸의 움직임이 강조된 것은 우연이 아니다).

모든 것은 전지현으로부터 시작되었다, 라고 말할 수 있을 만큼 삼성 프린터 광고에서 보여준 전지현의 현란한 춤은 수많은 사람들을 매혹시켰다. 하지만 CF 퀸의 매력을 가장 잘 보여준 것은 역시 지오다노 광고이다. 아름다운 몸이 동적인 춤과 만나면서 신비로운 관능미를 발산하고, 그러한 과감함이 단순함을 살린 광고의 형식과 만나면서 수십 초의 짧은 순간 동안 시청자들을 몰입하게 만드는 데 성공한 것이다.

최근 등장한 웰빙 음료 광고도 마찬가지다. 화면은 끊임없이 움직이는 전지현의 몸으로 가득 차 있고, 시청자는 화면 속 다른 사람들의 시선과 하나가 되어 숭배하듯 그녀의 몸을 바라본다. 그때 그녀는 교활하게도 수줍은 듯 웃으며 이렇게 말한다. "솔직히 타고 났다고 하면 화나죠."

이효리 역시 아름다운 몸의 이미지로 관능미를 뿜어낸다. 흰색과 붉은색의 강렬한 대비 속에서 열정적인 춤에 빠져들던 애니콜 광고를 보라. 사실 이효리의 섹슈얼리티와 전지현의 섹슈얼리티는 상당 부분 겹쳐진다. 전지현의 지오다노 광고를 이효리가 이어받은 것은 그 때문이고, '슬림'이라는 이름의 휴대폰 광고에 전지현과 이효리가 나란히 출연한 것도 우연이 아니다.

하지만 두 사람의 매력은 분명 다르다. 한마디로 말하자면 이효리가 발산하는 성적 매력은 보다 친근하다. 그것은 덜 신비롭다는 뜻이기도 하고, 그래서 덜 자극적이다. 하지만 그렇기 때문에 보다 쾌활하며 쉽게 다가갈 수 있다는 환상을 심어준다. 이러한 차이는 전지현이 CF를 주업으로 하면서(그녀에게 영화는 액세서리일 뿐이고, 그래서 「데이지」가 보여주듯 영화는 이야기보다는 아름다운 여주인공을 보여주는 장면에 주력한다) 그 효과를 극대화하기 위해 철저한 관리를 하는 데 비해, 이효리는 가수 활동 외에도 다양한 연예 프로에서 친근하게 스스로를 노출하고 있다는 사실과 무관하지 않을 것이다.

이 점에서 역시 화장품과 휴대폰에서 피자, 음료까지, 또 다른 CF 스타로서의 문근영의 이미지는 아주 특별하다. 흔히 주니어용 화장품 광고에 많이 등장하는 귀여움, 청순함과 달리(이런 이미지야 흔하지 않은가!) 문근영의 무기는 차라리 미성숙이라고 불러야 한다. 이 점에서 여자가 아니라 '소녀'임을 내세우며 단순한 춤과 노래로 대한민국을 사로잡은 원더걸스가 내뿜는 노골적인 미성숙과 동일하지만, 문근영의 미성숙은 훨씬 더 복잡하고 그래서 신비롭다. 또 그러면서도 따뜻하다. 미처 여자라고 부르기 어색할 만큼 다 자라지 않은 듯하지만 아름다운 여자의 매력을 가득 담은 얼굴이라는 기묘한 결합에 성실함, 선함의 이미지까지 합쳐지기 때문이다.

이런 이미지를 가장 잘 활용한 광고는 역시 GS칼텍스 광고이다. 마치 초등학생 같은 얼굴의 초보운전자가 때로는 주유소가 나타나지 않아 울상을 짓고 때로는 주유구를 찾지 못해 당황해 할 때, 그 앳된 얼굴과 깜찍한 애교 앞에서 누군들 그녀의 도움을 거절할 수 있겠는가. 세 번째 편에 이르러 힘 빠진 아버지에게 용기를 북돋아주는 "꼴꼴꼴"에 이르면 그녀의 미성숙은 모두를 무장해제시킨다.

그러나 그녀는 분명 어린애가 아니다. 그녀를 바라보는 사람 모두 그것을 알고 있다. 정확히 말하면 그녀는 어린애가 아니면서 어린애처럼 보이기 때문에 매력적인 것이다. 문근영의 야릇한 호소력은 이렇게 해서 여성성으로 분화되기 이전의 은밀한 섹슈얼리티로 연결된다.

'여자들을 위한' 피자라는 '시크릿 가든' 광고엔 금남(禁男)의 영역에서 열리는 파티를 엿보려는 남자들이 등장하지만 숨겨져 있는 것은 아직 다 자라지 못한 미성숙한 여성성, 흰색이 상징하듯 유년기의 순수에 가까운 여성성이다.

국민은행 광고는 한 걸음 더 나아간다. 몸의 윤곽을 그대로 드러내는 옷, 하지만 노출은 전혀 없는 옷, 이 기묘한 복장 속에서 어린아이인지 여자인지 모호한 얼굴과 말투……, 너무나 사랑스런 롤리타는 이렇게 해서 욕망의 피안에서 욕망을 일깨우는 '국민 여동생'이 된다.

"여자라서 행복해요"

가전제품 광고는 역시 아름다운 여자들이 자주 등장하는 광고 중의 하나이다. 그냥 가전제품이 아니라, 프리미엄 가전제품이다. 즉, 삼성 냉장고, LG 세탁기가 아니라 하우젠, 트롬, 디오스, 클라세, 지펠 등 소속을 지움으로써 품격을 업그레이드한 제품의 광고는 가전제품을 가사노동으로부터 분리시킨다는 공통점을 갖는다.

오래 전 "여자는 남자하기 나름"이라며 귀여운 얼굴과 야무진 살림 솜씨를 자랑하던 최진실이 등장한 전자레인지 광고와, 이제 신비로운 매력으로 가득 찬 고소영과 이나영이 등장하는 세탁기 광고를 비교해보라. 빨래는 더 이상 가사노동이 아니라 즐거운 유희가 되며, 그래서 광고 속의 사람들은 아이든 어른이든 모두 새하얀 옷을 입고 즐겁게 웃고 있지 않은가.

이런 프리미엄 광고의 출발이 된 것은 냉장고였다. 당시로선 파격적인 출연료로 심은하가 등장한 디오스 광고는 알뜰주부의 공간이던 부엌을 순식간에 부와 품격의 공간으로 변모시켰다. 조수미의 음악이 흘러나오는 부엌에서 멋진 드레스 차림의 아름다운 여자가 "여자라서 행복해요"라고 속삭인다. 그녀는 어떨 땐 멋진 욕실에서 거품목욕을 즐기고, 또 어떨 땐 누군가를(이런 행복을 안겨준 남편?) 기다리는 듯 설레는 표정으로 이국적인 요리를 만든다. 행복의 고백도 점차 업그레이드되어 여자라서 '너무' 행복해요, 가 된다. 정신적 행복이 물질적 풍요로부터 자유로울 수 없다는 것쯤이야 누구나 아는 사실이지만, 겨우 냉장고 때문에 행복하다니, 더구나 여자라서 행복하다니…….

심은하를 이어받아 고품격 가전 광고의 대표 모델이 된 것은 고현정이다. 기성세대에 대한 당찬 저항을 상징하던 「모래시계」의 고현정이 아니라, 재벌가의 며느리라는 전력으로 명품 이미지로 포장된 고현정 말이다. 이번에도 드레스 차림이지만 '미래를 사는 여자'라는 컨셉에 맞게 길이가 짧아지고 심플한 흰색이다. 그리고 그녀의 부엌, "디오스 특냉실엔 부르고뉴 산 달팽이가 잠자고" 있단다.

디오스의 고전적인 행복에 맞서 지펠은 보다 낭만적인 행복을 그려낸다. 우리의 CF 퀸 이영애가 등장했고, 역시 드레스 차림이며, 바이

디오스 광고는 부엌을 품격의 공간으로 변모시켰다

올린 선율도 빠지지 않는다. 이번엔 여자가 초대를 받은 듯 어느 저택에 들어서고, 그때 연인 혹은 남편이 준비해 놓은 촛대들이 갑자기 불을 밝힌다. 행복한 여자가 남자의 품에 안길 때 흐르는 카피, "지펠은 사랑입니다."

능력있는 남자라는 설정은 동일하지만 디오스 광고가 남자보다는 냉장고를 페티시화하는 데 비해 지펠 광고는 그 자리를 멋진 사랑을 아는 남자의 존재감으로 대치시킴으로써, 더 낭만적인 장면을 연출해내지만 전략적으로는 덜 강렬하다.

가전제품과 함께 아파트 광고 역시 아름다운 여자들을 내세우며 이미지 광고에 주력하고 있다. 이번에도 당연히 현대, 대우, 삼성, 두산, 금호 아파트가 아니라 I 파크, 래미안, 푸르지오, 위브, 어울림 같은 프리미엄 아파트이다. 언젠가부터 아파트 광고는 아파트에 대한 설명이 사라지고, 아름다운 여자들이 쏟아내는 풍요와 행복의 이미지로 가득차 있다. '집과 자연은 하나'이기에 아파트에 살면서도 '햇빛 부자'가 될 수 있다는 주부들의 행복부터, 유비쿼터스 아파트 덕분에 밖에서 일하면서도 집 안에서 보채는 아이를 재울 수 있고 언제나 '클라이맥스'를 살 수 있다는 능력 있는 여자까지! 아파트는 '그녀의 품격'을 결정하는 '그녀의 선택'인 것이다.

이번에도 이영애가 등장하는 자이 광고를 보자. "자이가 날 특별한 사람으로 만들었어요!" 일하고 들어오는 길에 운전을 하며 홈오토메

이션을 작동하면 조명, 난방은 물론 세탁기와 오븐도 돌아가기 시작하고, 그렇게 해서 집 안에 들어서면 차 마실 물까지 준비가 되어 있다. 그녀가 행복한 얼굴로 차를 마시며 하는 말, "남들에겐 꿈이지만 자이에겐 생활입니다."

그 어떤 상품보다도 사용가치가 절실한 주거공간의 광고가 이렇게 이미지만으로 지배되는 것은, 어쩌면 다른 경우와 달리 실제 팔아야 하는 상품이 아직 만들어지지도 않았기 때문인지도 모른다. 다시 말하면 모델 하우스라는 '살(buy)' 수 없고 '살(live)' 수 없는 가상의 집만 존재할 뿐이기에 생산비용과 소비자가 지불하는 비용 사이의 거리를 가려줄 장식이 더 많이 필요한 것이다. 모든 광고가 감미로운 이미지들로 현실을 가득 채우는 '자본주의의 꽃'일진대, 굳이 아파트 광고의 비도덕성이 자주 언급되는 것 역시 이 때문일 것이다.

| "여자들은 다 알아요" |

광고 속에 등장하는 여자 중에는 어머니의 역할 역시 중요한 자리를 차지한다. 식구들을 보살피는 모성(母性)의 보루로서의 어머니는 지금까지 언급된 여자들과 달리 가족 내에서 비로소 존재 의미를 갖는다. 어느 광고가 "아내는 여자보다 아름답다"고 말할 수 있는 것은 아내—어머니가 언제나 가족을 뒷바라지하는 기능을(부엌에서 음식을 만들든, 슈퍼에서 요구르트를 고르든, 넘어진 아이의 흉터를 돌보든) 수행하기 때문이다.

그중에서도 가장 중요한 역할은 가족의 건강을 책임지는 것이기에, TV 속 어머니는, 마치 처음부터 어머니였던 듯 어머니 이전의 모습을 상상하기 어려운 두 여배우 김혜자와 고두심이 그렇듯이, 식품 광고의 모델이 된다. 끓는 냄비 앞에서 맛을 내느라 고민하다가 "그래, 이 맛이야!"라며 환하게 웃는 어머니, 소중한 무언가를 만들듯 정성으로 음식을 준비하는 어머니는 시청자 모두의 어머니가 되는 것이다.

좀 더 젊은 어머니들은 그만큼 더 쾌활하고 영리하다. 예를 들면 이번에도 역시 나란히 밥솥 광고를 맡은 김희애와 채시라가 있다. 아무래도 야무진 주부의 이미지는 김희애 쪽이 더 강하다. 실의에 빠진 남편을 위해 "외로워도 슬퍼도 나는 안 울어"라는 캔디송을 불러주던 그녀가 아닌가. 이제 현명한 주부의 대명사가 된 그녀는 가족의 건강을 책임지면서 그 노하우를 이렇게 요약한다. "여자들은 다 알아요." 그러나 여자들은 다 안다는 그것은 사실상 여자들이 '다 알아야만' 하는 것, 여자이기 위해서 꼭 배워야 하는 것이다.

한 세대 밑으로 더 내려가면, 그야말로 신세대인 미시족 어머니가 등장한다. 이들이 맡은 것은 주로 분유와 이유식 광고이다. "내 아기는 특별하다"라는 지극히 당연하면서도 교활한 카피는 역시 고품격을 내세워 초보 엄마들을 소비의 세계로 끌어들인다. '앱솔루트 명작' '임페리얼 드림'이 어떤 제품의 이름 같은가? 언뜻 대형 자동차나 위스키 이름을 떠올리겠지만 이것은 아기들이 먹는 분유, 이유식의 이름이다. 이쯤 되면 특별한 내 아기를 위한 엄마들의 투쟁이 얼마나 치열하고 비장한지 알 수 있을 것이다.

어머니–아내에게 부여된 또 하나의 역할은 바로 며느리이다. 며느리의 역할은 어머니의 역할보다 더 노골적으로 가부장제에 봉사한다. 그래서 광고 속 며느리들의 모습은 사회 생활에 바쁜 남편을 대신해서 시부모를 위해 마음을 쓰고 무언가를 사는 것으로 요약된다. "여보, 아버님 댁에 보일러 놓아드려야겠어요"라고 말하는 것보단 차라리 "아무것도 필요없다"고 '쇼(show)'를 하며 아들에게 요구하는 부모가 훨씬 유쾌하지 않은가.

아들을 대신해야 하는 여자의 역할을 환기하는 노골적이고 낯간지러운 광고들에 비하면, 현대증권 연작광고 중 「풍경」 편은 상당히 심미적이다. 'You First'라는 카피가 말해주듯 기본 컨셉은 타인을 배려하는 마음이다. 고풍스런 한옥집 대청마루, 고즈넉한 풍경에 걸맞게 단아한 한복을 차려입은 젊은 여자가 앞치마 차림으로 빨래를 다듬고 있고, 뒤쪽으론 역시 한복을 입은 할머니가 잠들어 있다. 그때 바람이 불면서 풍경이 흔들리고, 그러자 젊은 여자가 조용히 일어서서 풍경을 헝겊 끈으로 묶어 소리 나지 않게 한다. 카메라가 다시 편안히 잠든 할머니의 얼굴을 비출 때 마지막 멘트가 흐른다. "당신이 있기에 더 큰 사랑을 배웁니다."

한 편의 풍경화를 보는 듯한 이 광고는 아름다운 영상 속에 지극히 효과적으로 한국의 정서를 담아낸다. 한국 사람이라면 누구나 누워 있는 사람이 그냥 어머니가 아니라 시어머니라는 걸 눈치 챌 수 있고, 더구나 집의 모양이나 여자들의 복장으로 보아 그곳이 어느 종가집쯤 되리라는 것도 알 수 있다. 중요한 건 사람들에게 사랑을 배우게 하는 당신이 누구인가, 하는 것이다. 분명 누군가를 배려하기 위한 행동을 한 것은 젊은 여자이다. 하지만 할머니의 얼굴이 클로즈업될 때 흐르는 마지막 멘트는 슬그머니 그저 누워 있었을 뿐인 할머니를 '더 큰 사랑'을 가르치는 당신으로 바꾸어버린다.

롤랑 바르트의 말대로 광고가 부르주아 사회의 지배 이데올로기로서의 '신화'를 전파하는 가장 세련된 방식이라고 할 때, 심미적 영상 속에 소리 없이 녹아든 가부장적 이데올로기는 광고라는 형식을 통해 마치 존재하지 않는 듯 자연스럽게 작동한다.

"여자는 한 달에 한 번 마법에 걸린다"

화장품, 음료수, 냉장고, 아파트……, 이런 것뿐 아니라 이제 브래지어나 생리대처럼 여자들만 사용하는 상품의 광고도 TV에서 흔히 볼 수 있다. 사실 이것은 드러내놓고 얘기하기 쉽지 않은 은밀한 영역이다. 여자들의 은밀함이란, 남자들의 은밀함이 모종의 우월감이 담긴 공모의 상징인 것과 달리, 언제나 수치심으로 연결되기 때문이다.

'Bravo Your Life'라는 카피로 호평을 받은 삼성생명 연작 광고를 봐도, 어머니를 따라 여탕에 들어가지 않겠다는 어린 아들의 남성적 성장이 무언가 당당함을 풍기는 것과 달리, 처음 브래지어를 하고 아빠 앞에서 수줍어하는 딸의 여성적 성장엔 정숙한 수치심이 배어 있다. 어머니 편도 마찬가지다. 대형매장에서 아내가 생리대를 카트에 던져놓자 남편이 무안해진 듯 슬그머니 가리면서 아내의 처녀시절을 회상한다. 판매대에 아무렇지도 않게 가득 쌓여 있는 생필품이지만 일단 한 여자의 소유물이 되었을 땐 감추어야 한다는 뜻이리라.

이러한 특성 때문에 아름다움의 상징인 여성 연예인들이 브래지어 광고에 등장한 것은 그다지 오래된 일이 아니다. 처음 화제가 됐던 것은 박지윤이 등장하는 비비안 광고이다. 「성인식」이라는 노래가 말해 주듯 성숙한 여성미보다는 도발적인 젊음을 상징하던 그녀의 독특한 섹슈얼리티를 잘 살린 이 광고는 여자의 가슴을 자존심과 동일시하는 전략을 사용했다.

사실 여자의 속옷 중에서 코르셋이 몸에 대한 억압의 상징이라면, 브래지어는 억압과 분출 사이에서 줄타기를 하고 있다고 말할 수 있다. 속눈썹으로 올리고, 하이힐로 올린 다음, "마지막 자존심, 에어볼륨으로 높였다"라는 카피처럼, 겉옷 아래 가려져 있지만 몸에서 가장 높이 솟아오른 가슴은 감춤과 노출 사이에서 성적 상상력을 촉발하기에 충분하다.

이후 비너스, 비비안이라는 두 경쟁 업체의 본격적인 광고 대결은 빅 모델 고소영과 김남주를 통해 이루어진다. 이 대결은 디오스와 지펠의 대결과 상당히 유사한 면모를 보인다. 고소영이 등장하는 비너스 광고는 직장 여성 두 명이 사무실에서 기지개를 켜는 장면으로 시작한다. 방심한 듯 온몸을 쭉 뻗은 동작은 그 자체로 무척이나 섹시하다. 이후 고소영은 '무빙 브라' 덕에 아무렇지도 않은 듯 바로 일을 시작하지만, 다른 여자는 한참 동안 정신없이 옷매무새를 가다듬는다.

브래지어가 여성의 아름다움뿐 아니라 당당함의 상징이 되었음을 보여주면서 제품이 가진 장점을 얄미울 정도로 도발적으로 보여주는 이 광고에 비해, "내 가슴에 사랑을 켰다"라는 카피를 내건 비비안 광고는 낭만적 사랑의 장면을 통해 메시지를 전달하고자 한다. 김남주가 드레스 차림으로 멋진 남자와 춤을 추는 장면은 이영애의 지펠이 그렇듯 무척 아름답지만, 그 판타지 속에서 메시지의 강렬함은 흩어져버린다.

생리대 광고는 브래지어보다 더 은밀한 영역을 건드려야 하기에 좀 더 교묘한 전략을 택한다. 초기 '프리덤'이라는 이름만으로 충분했던 호소력은 TV라는 시각매체를 통해 효과를 전달하기에는 미흡하기 때문이다. 생리 중의 몸의 자유를 시각적으로 담아낸 광고도 있기는 하지만(새로운 건강 미인으로 등장한 옥주현이 몸에 붙는 흰색 바지 차림으로 남자친구의 목마를 탄다), 대부분의 경우 동작의 자유로움뿐 아니라 생리 현상 자체의 깨끗함, 순수함, 감미로움의 이미지가 덧붙여진다. 이것은 아줌마들에게도 생필품인 생리대 광고에, 차라리 '부드러운 여자'에게 신겨줄 유리 구두를 손에 든 남자 모델이 등장할지언정, 절대 아줌마들이 등장할 수 없는 이유이기도 하다. 생리대 광고엔 그래서 언제나 맑게 갠 하늘, 뭉게구름, 푸른 숲, 새소리, 맑은 물, 속삼임(바로 '위스퍼'!), 소녀들의 밝은 웃음, 흰색(바로 '화이트'!)이 등장한다.

한 걸음 더 나아가면, 생리대 광고는 신비화 전략을 사용한다. 여성의 몸에서 일어나는 생리적 현상이 뜬금없이 마법으로 변신하는 것이다. "여자는 한 달에 한번 마법에 걸린다"는 설정에 따르자면, 생리대는 마법의 도구가 되는 것이다. 빠지지 않고 등장하는 흡수력 테스트에 언제나 청정해역에서 막 길어 올린 듯한 맑은 파란색 물이 쓰이는 것은, 보통 사람들이 핏빛을 싫어하기

생리대 광고엔 언제나 맑게 갠 하늘, 푸른 숲, 흰색이 등장한다

때문이라는 소극적 이유보다는, 피 혹은 핏빛이 생리대 광고를 생리현상이라는 현실로 끌어내릴 위험이 있기 때문이다.

물론 이런 신비화가 생리를 불결함으로 간주하는 남성적 시선을 거부하려는 시도라고 볼 수도 있겠지만, 동시에 그것은 분명히 도피함으로써 현실을 벗어나려는 가장 비겁한 방식이기도 하다.

은밀한 여성성을 TV 화면 위로 끌어들이기 위해 비현실적 설정을 만들어내는 것은 피임약 광고도 마찬가지다. 케이블 TV를 통해 전파를 탄 머시론이라는 이름의 피임약 광고는 생리대 광고가 성을 마법의 틀 속에 쑤셔넣은 것과 마찬가지로, 이번엔 성을 불확실한 미래형으로 쓸어담는다.

우선, 모델이 굳이 여대생임을 강조하고 하물며 도서관을 배경으로 피임약 광고를 찍어야 하는 이유는 무엇일까? 얼굴만 봐도 학구파의 이미지가 넘치는 그 여학생은 두 손에 책을 든 채로 말한다. "요즘 여자들 다 노력파잖아요, 공부, 사랑 둘 다요.", "좋은 사랑 하려면 진짜 똑똑해야 한다고 생각하잖아요." 똑똑한 공부와 똑똑한 사랑⋯⋯, 공부

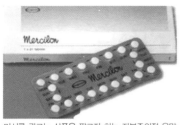
머시론 광고는 상품을 팔고자 하는 자본주의적 욕망과 여성의 순결을 미화하는 가부장제의 욕망의 충돌을 보여준다

를 잘해야 사랑을 잘한다는 말을 하려는 걸까, 아리송하기 그지없다. 하지만 이어 "바보같이 울고 짜고 하는 건 다 싫어해요. 사랑에 빠져도 챙길 건 다 챙기잖아요."라고 말하는 걸 보면 공부 얘기가 아니라 사랑 얘기, 보다 정확히는 사랑 얘기가 아니라 성 얘기를 하고 있는 게 분명하다.

그러나 다시 한 번 마지막 말이 우리를 혼란스럽게 한다. "경험은 없지만 전 그럴 것 같아요."라니. 나는 잘 모르지만 나와 다른 대부분의 여학생을 위해서 조언을 해주겠다는 걸까, 아니면 나처럼 잘 모르는 여학생들이 많으니 나중을 위해 같이 알아두자는 각오를 다지려는 걸까.

상품을 팔고자 하는 자본주의적 욕망과 여성의 순결을 미화하는 가부장제의 욕망이 충돌하며 이런 우스꽝스러운 장면에 이른 것이다. 피임약이란 성을 즐기되 임신을 피하기 위한 것일진대, 경험 없음을 통해 말하고자 하는 순결한 여성상과 울고 짜지 않겠다는 독립적 여성상 사이에서, 정작 피임약을 필요로 하는 젊은 여자들의 성은 흔적이 없다.

여자, 남자를 꿈꾸다

강한 것은 아름답다?

힘 앞에서 무력하고 허점투성이인 인간들이 영웅을 꿈꾸는 것은 당연한 일이다. 신화적 이야기에 자주 등장하는 초인적 영웅들은 현실에서의 무력함을 벗어나려는 인간들의 욕망의 산물인 것이다. 그들은 선(善)의 구현으로, 이 세상을 위협하는 악(惡)과 맞서 싸운다. 당연히 그 어떤 시련에도 굴하지 않으며 불가능할 것 같던 목표를 결국엔 이루어낸다.

남성 위주의 사회에서 이러한 영웅은 '강한 남자'로 나타난다. 정의와 힘을 동시에 가진 이 세상의 주인이며, 그렇기 때문에 아름다운 여자를 차지할 수 있는 남자 말이다. 하지만 현실 너머를 꿈꾸는 동시에 그렇게 쉽게 현실을 벗어날 수 없다는 것 역시 알고 있는 인간에게, 강하고 정의로운 영웅의 매력은 지나치게 단순하고 비현실적이다. 이렇게 옳음과 강함의 결합이 흐려질 때, 새로운 모습의 주인공이 등장한다.

초인적 영웅을 그려내는 장르 중 하나인 무협소설을 예로 들어보자. 자신의 능력을 미처 알지 못하던 주인공이 온갖 시련을 딛고 초인적 비급을 완성하여 가문이나 무문을 되찾는 것이 무협지의 전형적인 도식이라면, 한국 신무협의 대표작이라 불리는 『대도오』의 주인공은 가문도 문파도 없는, 특별히 숨겨진 비급이나 야망도 없는 인물이다. 복수 또는 대업이라는 명분은 사라졌고 대도오는 오히려 세상에 대해 냉소적이다. 그는 어쩌다 끼어들게 된 싸움에서 그저 살아남기 위해 싸운다. 하지만 바로 그 생존력 때문에 신분이나 무공의 정체성으로 볼 때 보다 무협지적인 다른 인물들의 우두머리가 된다.

사실 우리가 살아가는 세상은 모든 것이 뒤죽박죽이다. 선은 악을 품고 있고, 때로는 악을 통해야만 선에 다가갈 수 있다. 심지어 악이 선보다 더욱 매력적으로 우리를 유혹하기도 하지 않는가. 옳지 않은 힘이 사람들을 억압하고, 상처받은 영혼들의 욕망이 부글거릴 때, 사람들은 더 이상 내적 갈등이 소거된 완전무결한 존재에게 매력을 느끼지 못한다. 루카치의 말대로 '서사시적 영웅'은 더 이상 이야기의 주인공이 될 수 없으며, 이제 모호한 정체성을 살아가는 '문제적 개인'의 시대가 온 것이다.

영화 「태풍」을 보자. 관객들은 조국을 위해 젊음을 바치는 강인한 해군 장교보다는 자신을 버린 조국에 대한 분노로 복수를 꿈꾸는 탈북자 씬에게 더 깊이 빠져들지 않는가. 마찬가지로, 국가의 지원을 받으면서 온갖 최신 무기를 사용해서 (심지어 본드걸과의 유희까지 즐기면서) 솜씨 좋

게 문제를 해결하는 제임스 본드보다
는, 권력과 싸우며 맨몸으로 자신의 정
체를 밝혀나가는 「본 아이덴티티」의 제
이슨 본이 더 매력적으로 다가오는 것
은 당연한 일이다.

이렇게 해서 골드만의 표현을 빌면
'타락한 세계'에서 '타락한 방식'으로
'진정한 가치'를 추구하는 주인공들은
강한 남자의 신화를 아웃사이더, 반항
아, 매력적인 루저(loser)의 모습으로 구

'타락한 세계'에서 '타락한 방식'으로 '진정한 가치'를 추구하는 주인공들은 강한 남자의 신화를 매력적인 루저의 모습으로 구현한다

현하게 된다. 이들은 더 이상 영웅이 아니라 반영웅(反英雄), 안티히어
로(antihero)이며, 이렇게 변형된 영웅들에게는 선을 구현하는 밋밋한
인물들이 갖지 못한 내면의 힘과 깊이가 부여된다.

사회로부터 두는 거리만큼의 고독을 지닌 이러한 남성상은 무엇보
다도 관객들에게 험한 세상을 살아가는 삶에 대한 연민을 불러일으키
고, 그렇게 해서 위안을 준다. 「모래시계」의 주인공 박태수가 대표적
이라 할 수 있는데, 최민수가 분한 박태수는 근대사의 격변기에 역사
의식 없이(물론 이 인물이 사회에 정상적으로 진입하는 것을 가로막은 장애물로
아버지의 월북이라는 역사적 함의를 띤 사건을 설정함으로써, 어느 정도의 변명이
미리 마련되어 있었다), 불안과 좌절에 시달리며, 때로는 무력하고 때로는
거칠게 시대의 주변부를 살아간 인물을 잘 그려내어 이른바 터프가이
의 전형이 된다. 이어 정우성은 고독한 반항아의 이미지로 이러한 남

성상을 반복한다. 영화 「비트」에서 그려진 좌절과 저항은 그렇게 해서 거친 젊음의 새로운 아이콘이 된다.

이러한 유형의 남성상은 대부분 사랑에 대해 냉소적이다. 아니면 서툴기 때문에 제대로 사랑에 다가가지 못한다. 여자는 사랑의 대상이 아니라 그저 욕망의 대상일 때가 많으며, 그래서 이들은 여자 앞에서 다분히 '마초'적이 된다.

영화 「야수」의 형사가 연인에게 프러포즈하는 방식이 잘 보여주듯이, 설혹 사랑이 있다 해도 스스로 인정하지 못하고, 제대로 표현하지도 못한다. 그것은 당연한 일이다. 죽음을 앞둔 순간에도 두렵다거나 두렵지 않다고 스스로의 감정을 드러내지 못하고, "나 떨고 있니?"라는 타인의 시선에 충실한 질문을 던지는 인물들이기 때문이다.

내면을 드러낼 줄 모르는 남자들, 혹은 미처 내면을 돌아볼 틈이 없는 남자들의 싸움은 거칠고 차가운 세상을 그려내는 효과적인 장치가 된다. 예를 들어 영화 「홀리데이」가 보여주는 탈옥수와 경찰의 대결을 보자. 그들의 대결은 일차적으로 권력과 아웃사이더의 대결이다. 그러나 권력은 사회질서라는 공공의 선을 위해 폭력을 정당화하는 악으로 나타나며, 반면 아웃사이더는 보다 순수한, 하지만 권력에 눌려 희생되는 실패한 선으로 등장한다. 폭력적이고 야비한 권력, 본인의 의지와 무관하게 벼랑으로 내몰린 아웃사이더……. 선과 악의 이러한 일그러짐이 이 영화의 무대이다.

하지만 「홀리데이」는 아쉽게도 이 일그러짐을 지나치게 과장하면서 오히려 진짜 보여주어야 할 현실의 냉혹함을 흐리고 있다. 성공적인 올림픽에 환호하는 사람들의 희망찬 웃음과 철거촌의 음울한 빛깔의 대조만으로도, 그리고 교도소 안의 다양한 군상들의 생존투쟁만으로도 이미 충분히 관객의 죄의식을 들쑤시는 선과 악의 일그러짐은, 때로 코믹하게 느껴질 정도로 과장된 교도소장의 캐릭터로 인해 길을 잃고 만다. 결국 실화를 바탕으로 한다는 외적인 함의에도 불구하고 오히려 리얼리티의 기반을 잃게 되고, 영화가 말하고자 했던 의미는 마지막 장면에서 흘러나오는 '홀리데이'와 함께 퍼져나가던 주인공의 절규처럼 흩어져버린다.

이 점에서 본격 느와르(noir)를 내건 영화 「사생결단」은 생존투쟁에 던져진 두 남자의 대결을 좀 더 냉정하게 그려낸다. 돈을 위해서라면 무엇이든 할 수 있는 마약중개상과 반대로 경찰이지만 온갖 비리를 일삼고 자신의 목표를 위해 누구든 이용할 수 있는 형사가 이 영화의 주인공이다. 이 둘은 경찰의 말대로 "끝날 때까지 못 내리는" 회전목마를 타고 같이 돌아가며 서로 이용하고 기생하며 배신한다. 냉혹한 정글에서 사생결단으로 살아남아야 하는 이들에게 이미 선악은 무의미하며, 영화는 그렇게 광포한 자본주의의 생존법칙을 생생하게 전달한다.

남근 신화의 균열

미디어를 통해 (재)생산되는 거친 아웃사이더의 감성은 억압적이고 이분법적인 사회체제로부터의 일탈인 동시에 남성성 상실에 대한 저항이라는 두 가지 의미를 담고 있다. 이들은 남근의 신화에 충실한 남자, 하지만 그와 동시에 억압적인 이데올로기를 거부하는 남자인 것이다. 이러한 남성상은 당연히 남성들의 욕망이 투영된, 남성들이 꿈꾸는 남성상이다. 이런 남성상은 여자들에게 다분히 모성본능에 근거한 매력을 제공할 수 있을지언정 섹슈얼리티에 뿌리 내린 여성적 판타지와는 거리가 멀다. 오히려 매력으로 포장된 억압에 가깝다.

뜨거운 논쟁의 대상이었던 「나쁜 남자」역시 마찬가지다. 재투성이 신데렐라를 왕비로 만들어주는 왕자가 영웅이라면 영화의 주인공인 나쁜 남자는 반영웅이다. 자기가 욕망을 느낀 여자, 하지만 그 욕망을 모욕한 여자를 힘으로 파멸시킨 후, 남자는 끊임없이 여자를 바라봄으로써 소유한다. 그렇게 파멸로 내몰린 여자는 나쁜 남자에 대한 적의로 가득하지만 거꾸로 그 남자에게 집착한다.

이 영화가 그려내는 남자와 여자의 모습은 분명 극단적인 남성의 판타지가 만들어낸 산물이며 그 기이함이 많은 여성들을 불편하게 만들었다. 하지만 김기덕이 보여주는 위악의 세계는 적어도 남성성 내부에 존재하는 상처의 밑바닥을 드러낸다는 점에서, 그리고 그의 영화를 지탱하는 남성의 판타지가 결국 잠재적인 '나쁜 남자'들의 내면의 상처를 들쑤신다는 점에서, 오히려 성녀와 창녀라는 이분법적 도식에 충실한 「실미도」류의 영화(마지막 순간까지 품속에 간직한 사진으로 존재하는 어머니와 강간당하는 여자!) 보다는 덜 억압적일지도 모른다.

사회가 변하고 감성이 변하면서, 남성상 또한 진화한다. 우선 「플란다스의 개」와 「반칙왕」으로 대표되는 또 다른 유형의 루저들의 이야기는 일탈과 저항의 욕망 자체를 포기한 남성상의 현실을 좀 더 분명하게 보여준다.

연애를 소재로 할 때도 마찬가지다. 「광식이 동생 광태」의 두 인물은 사랑에

사회의 변화와 함께 일탈과 저항의 욕망 자체를 포기한 남성상이 등장한다

도 서툴고 소시민적 근심밖에 없는, 그야말로 변변치 못하게 살아가는 익명적 존재로 그려진다. 이들은 세상의 주인으로서의 남근 신화를 안으로부터 무너뜨린다고 말할 수 있다.

일탈을 꿈꾸던 자들의 거친 저항은 그 욕망에 공감하는 관객들에게 카타르시스를 제공했지만, 동시에 결국에는 패배가 운명 지어진 저항이라는 점에서 그것은 기존 체제에 대한 용인을 담고 있다고 말할 수 있다. 저항의 욕망 자체가 부재하는 현실을 그대로 그려내는 이런 영화들은 관객의 욕망과 죄의식을 달래주는 손쉬운 카타르시스를 거부하는 셈이다.

이 점에서 「가족의 탄생」과 「천하장사 마돈나」라는 흥미로운 두 영화는 각기 아버지 없이 해체된 가족과 여자가 되고 싶은 소년의 이야기를 다루면서 거창한 저항의 신화 대신 자신을 긍정하고 타인을 긍정하는 세계를 그려낸다. 현실의 중심에서 벗어난 곳에서, 감상적 카타르시스가 사라진 모습으로 스크린에 재현된 현실 속에서, 비로소 재편된 가족이 탄생하고 천하장사와 마돈나는 공존할 수 있게 된다.

멜로드라마 속 남성상의 변화 역시 같은 맥락에서 읽을 수 있다. 이

제 멜로 왕자님들은 더 이상 유리구두를 손에 들고 사랑하는 여인을 찾아다니지 않는다. 아무리 능력 있는 남자라도 적어도 사랑에 있어서는 미숙한 모습을 보인다. 사랑을 배워야 하는 것이다.

　새로운 멜로 왕자님의 대표주자로 등극한 「파리의 연인」의 사장님 역시 그 당당하고 능력 있는 면모와는 달리 유독 눈앞에 있는 사랑을 알아보는 데는 긴 시간이 걸린다. 물론 다행히도 당당한 캔디렐라(기죽지 않는 신데렐라!)의 도움을 받아 비로소 그 사랑을 누리게 되지만.

　이어 방영된 「프라하의 연인」은 사실상 「파리의 연인」의 쌍둥이(혹은 짝퉁)이다. 물론 프라하의 형사는 조금 더 거친 모습을 보이는데, 그가 당당하다 못해 순진한 마초로 나타나는 것은 아마도 신데렐라를 만들어낸 왕자가 아니라 평강공주(대통령의 딸!)에게 간택된 온달이라는 태생적 한계 때문일 것이다. 어느 날 갑자기 하늘에서 떨어진 행운을 차지하는 신데렐라의 죄의식을 달래주는 캔디렐라처럼, 이 남자의 순진하고 거친 태도는 온달의 죄의식을 가려주는 데 무척 유용하다.

　이제 왕자님들은 능력은 있지만 성격은 까칠하며, 그 뒤에는 미숙함이 숨겨져 있다. 그들에게 사랑을 가르치는 것은 모두 여자들의 몫이다. 심지어 드라마 「궁」에서처럼 교양과 신념을 갖춘 완벽한 황태자마저도 철부지 같은 황태자비에게 사랑을 배워가지 않는가! 「내 이름은 김삼순」의 왕자님 역시 젊고 미남이며 부모를 잘 만난 덕에 부자이지만 세상의 깊이를 모르는 이기적인 철부지 왕자다. 바로 그에게 당당한 노처녀 삼순이가 사랑을 가르치다니 그 얼마나 짜릿한 판타지인가(심지어 마침내 사랑을 배운 왕자님이 끓어오르는 욕망으로 덤벼들 때 삼순이는 콘돔부터 사오라고 심부름을 시킨다).

남성상의 변화는 여성들의 지위의 변화, 그와 맞물린 여성들 내부의 변화와 밀접하게 연결되어 있다. 주류이든 아웃사이더이든 거친 남자의 신화는 가부장제에 기반을 둔 남성 신화이며, 그러한 남성성의 포기 역시 남근 신화 내부의 균열의 산물이라면, 최근 나타난 새로운 남성상은 여성의 신화로의 이행을 보여주는 것이다.

| 새로운 남성상의 섹슈얼리티 |

남성상의 변화가 가부장제의 위기감을 반영한 남성 내부의 변화이든, 남근 신화가 억압해온 욕망의 은밀한 발현이든, 중요한 것은 새로운 남성상이 결국엔 여성의 시선으로 조율되는 이미지 소비의 산물이라는 것이다. 요즈음 유행하는 '~섹슈얼' 시리즈의 남성상은 이러한 경향을 분명하게 드러낸다.[1]

제일 먼저 등장한 것은 메트로섹슈얼이다. 메트로섹슈얼은 남근 신화의 굴레를 벗어던진 남성, 자신의 내면을 들여다보고 심지어 내면의 여성성을 긍정적으로 즐길 줄 아는 남성을 지칭한다. '메트로'란 말에

---

1 이러한 '~섹슈얼 시리즈'의 용어들은 그 자체로 남근 신화의 흔적을 잘 보여준다. 메트로, 위버, 크로스 등의 접두어 뒤에 붙은 '섹슈얼'은 무슨 의미인가? 단어의 뜻 그대로라면 '성적인, 성과 관계된'을 뜻하는 이 표현은 문맥상 '호모-섹슈얼'을 환기한다. 메트로섹슈얼이라는 용어는 영국의 문화비평가 마크 심슨에 의해 남근 신화의 이단아들인 '게이'들처럼 자신을 꾸미고 다니는 남자들을 지칭하기 위해 사용되었다.

서 알 수 있듯 이들은 도시적이고 현대적이다. 그리고 당연히 패션과 외관의 아름다움에, 낭만적 사랑에 신경을 쓴다. 하지만 절대 유약하지는 않다. 이들의 몸에선 모델보다 아름다운 축구선수 베컴처럼 아름다움과 동시에 건강과 힘이 발산되고 있기 때문이다.

처음 메트로섹슈얼의 매력을 과시한 것은 '꽃을 든 남자' 안정환이었다. 그가 꽃을 든 것은 여자에게 선물할 꽃이 아니라 자기 자신을 위해서였다! 이후 미디어는 새롭게 문화적 아이콘으로 등장한 수많은 꽃미남으로 넘쳐나고 있다. 크로스섹슈얼은 이러한 경향이 극단적으로 발전한 형태이다. 강동원으로 대표되는 메트로섹슈얼이 아름다운 남자의 상징이라면 이준기로 대표되는 크로스섹슈얼은 여자 같은 남자, 때로 여자보다 아름답지만(크로스섹슈얼이 넘나드는 것은 바로 성정체성이다) 게이와 달리 여전히 남자인 은밀한 남성성의 상징이다.

반면 위버섹슈얼은 메트로섹슈얼의 아름다움과 부드러움에 다시 강한 남자의 향수가 가미된 남성상이다.

독일어로 '~의 위의', '~보다 나은'이라는 의미를 가진 접두어 위버(über)가 보여주듯이 위버섹슈얼은 메트로섹슈얼의 단점을 전통적 남성성의 장점으로 보완한다. 즉, 메트로섹슈얼이 젊음과 세련됨의 양가적 의미를 그대로 담아냄으로써 어리고 이기적인 귀공자라는 뜻을 포함한다면, 위버섹슈얼은 그것을 '어른 남자'의 신뢰감으로 대체한다. 강하지만 스타일을 즐기고, 아름답지만 미숙하지 않은, 한마디로 메트로섹슈얼과 강한 남자의 적절한 조합인 것이다. 「프라하의 연인」에서 김주혁이 그려낸 거칠지만 다정한 이미지에서 성숙한 남성미의 상징인 다니엘 헤니까지, 위버섹슈얼은 남성의 신화와 여성의 신화 사이에서 줄타기를 하고 있다.

메트로섹슈얼은 내면의 여성성을 긍정적으로 즐길 줄 아는 남성이다

이러한 남성상의 변화는 시선을 소유할 수 있게 된, 다시 말하면 이미지 소비의 주체가 된 여성의 자리를 상정한다.

로라 멀비의 말대로 남성적 응시에 지배되는 장면이 여성 관객에게 피학적 주체로 동일시되기를 요구한다면, 새로운 남성상은 여성적 응시에 의해 만들어진다고 할 수 있다. 즉, 소비의 객체로 겨냥된 남성상은 결국 그 주체로서의 여성이 꿈꾸는 남성에 대한 욕망을 보여주는 것이다.[2] 앞으로 얼마나 탄생할지 알 수 없는 수많은 '~섹슈얼'들은 남성을 타자화하는 여성적 포르노그래피적 시선의 산물이다.

이제 미디어 속엔 여성의 시선을 유혹하는 남자, 여성이 꿈꾸는 남자들이 넘쳐난다. 가부장제의 주인인 남자들이 팜므 파탈(femme fatale)의 유혹을 꿈꾸었다면 유혹하는 남자, 즉 옴므 파탈(homme fatal)은 여성적 판타지의 산물이 된다.

영화 「나쁜 남자」의 주인공은 나쁜 남자이고 여자를 파멸시키지만 절대 옴므 파탈이 아니다. 그에게는 여성적 시선에 맡겨진 치명적 매력

---

2 물론 이러한 구분이 자발적으로 발생한 문화 현상에 대한 관찰의 산물이라기보다는 모종의 상업적 목적을 위해(예를 들면 남성복 패션의 변화) 인위적으로 재생산된 남성상이라는 의혹을 지우기 어려운 것은 사실이다.

이 없기 때문이다. 옴므 파탈의 모습을 가장 잘 보여주는 것은 「형사, 듀얼리스트」의 '슬픈눈'이다. 하얀 가면이 벗겨질 때 그의 눈길은 시선을 고정한 여자에게 치명적일 정도로 아름다운 잔영을 남긴다. 설정된 성격 자체가 그렇기도 하지만, 예를 들어 두 남녀의 대결 장면에서 다모(茶母)인 남순보다 오히려 남자인 슬픈눈의 동작이 더 정적이고 아름다운 것은 아마도 여성 관객의 은밀한 쾌락을 위한 배려일 것이다.

　의도적으로 축소된 내러티브를 이미지로 채운 이 영화는 아름다운 공간의 영상미(길게 이어진 돌담길이나 눈 내린 계단)와 함께 슬픈눈의 매력이 없으면 아마도 무너져버릴 것이다. 너무나 아름다운 남자, 그 눈길이 하염없이 슬픈 남자는 관객들을 순식간에 무장해제시킨다. 관객의 분신인 다모 남순은 슬픈눈이 어떤 인간이고 어떻게 살아왔는지, 지금 무엇을 하며 살고 있는지 아무것도 알지 못하지만, 그에게 숙명처럼 빠지고 만다. 어쩌면 지금까지 살아온 자신의 삶이 무너져버릴지도 모른다는 위험을 느끼면서도 그에게서 눈을 돌리지 못한다.

　「왕의 남자」에서 동성애에 바탕을 둔 공길의 유혹은 한 걸음 더 나아간다. 사실 몇 가지 논란에도 불구하고 이 영화를 동성애 영화라고 보기는 어렵다. 동성애 코드가 암시적으로 흐릿하게 그려졌기 때문만은 아니다. 흔히 퀴어 시네마가 이성애 중심의 사회에 대한 급진적 저항을, 혹은 동성애자들이 주체성을 찾아가는 여정을 그렸다면, 이 영화에서 동성애를 지탱하는 축은 거의 전적으로 공길의 외모이다(이 점에서 영화가 제공하는 섹슈얼리티는 「후회하지 않아」라는 퀴어 멜로가 여성 관객에게 제공하는 것과 가깝다). 마치 '야오이' 만화의 주인공 같은 공길의 얼굴

은 여성적 시선에 바쳐진 포르노그래피적 쾌락을 제공한다.[3]

　이런 은밀한 쾌락은 "미녀는 석류를 좋아해"라고 노래하는 광고에서 더욱 노골적으로 드러난다. 여자들이 마시고 싶은 것은 석류 음료가 아니라 현대판으로 등장한 공길의 외모와 목소리가 은밀하게 퍼뜨리고 있는 섹슈얼리티, 남근적 남성성에서 벗어났지만 여전히 남자인, 마치 카스트라토의 중성적 목소리 같은 기묘한 매력인 것이다.

| 달콤 쌉쌀한 여성의 신화들 |

　　　그리스 신화에서 프시케는 에로스의 사랑을 받지만 그 사랑의 조건은 에로스의 얼굴을 보면 안 된다는 것이다. 얼굴을 보여주지 않는 남편이 괴물일지도 모른다는 언니들의 꼬임에 빠져 프시케는 단도를 들고 침실로 들어간다. 그러나 촛불 아래 드러난 에로스의 얼굴은 (당연히!) 너무나 아름다웠다. 미의 여신 아프로디테의 아들이었으니 말이다. 프시케는 남편의 얼굴을 자세히 보려고 초를 가까이 들이대다가 그만 촛농을 떨어뜨리고, 놀라 잠에서 깬 에로스는 약속을 어긴 프시케를 떠나버린다.

---

3 만화의 한 장르인 야오이는 남성들 간의 동성애를 그린 동인지 만화를 말한다. 예쁘게 생긴 남성들의 동성애 장면이 여성 관객에게 주는 쾌감은 여러 가지 관점에서 생각할 수 있겠지만, 동일시의 대상이 사라지면서 이전보다 덜 억압적인 성애의 장면을 만들어내는 것과 무관하지 않을 것이다.

미디어 속엔 프시케를 유혹하는 에로스들이 넘쳐난다

에로스를 찾아 헤매던 프시케는 아프로디테의 궁전으로 찾아가고, 며느리를 받아들이는 조건으로 아프로디테가 내린 명은 시들어가는 자신을 위해서 저승의 여왕 페르세포네를 찾아가 아름다움을 얻어오라는 것이었다.

에로스에 대한 사랑에 눈이 먼 프시케는 저승까지 찾아가 마침내 아름다움을 얻어내지만, 자기도 아름답고 싶은 욕망에 (언제나 그렇듯!) 열어보지 말라던 '미(美)의 병'을 열어보게 된다. 그 안에는 '죽음 같은 잠'이 들어 있었고, 그녀는 그렇게 쓰러져 잠이 든다. 에로스가 돌아와 달콤한 키스로 깨워줄 때까지.

이제 미디어 속엔 프시케를 유혹하는 에로스들이, 프시케들이 꿈꾸는 에로스들이 넘쳐난다. 그 꿈이 감미로운 것은 꿈 없이 살기에는 현실이 너무 초라하기 때문일지도 모른다. 하지만 꿈은 꿈일 때에만 가장 감미롭다. 꿈속의 나비를 현실로 착각하는 순간, 나비는 사라지고 더욱 삭막해진 현실만이 남게 될 테니 말이다.

영화 「너는 내 운명」은 그동안의 멜로 코드가 버려두던 유형의 남성상을 통해 여성의 꿈을 드러낸다. 흔히 멜로의 남자 주인공들이 수려한 용모와 남성적인 매력으로 여자를 끌어들이는 남자라면 이 영화의 주인공은 시골에서 소를 키우며 살아가는 노총각이다. 멜로의 주류가 아니기는 도시의 주변부에 서성이는 남자들이나 농촌 총각이나 다를 바 없지만 농촌 총각에는 전자가 갖지 못한 판타지가 따라온다. 그저 농촌에 사는 총각이 아니라 순수를 간직한 남자, 순박하고 우직한 남자, 그래서 변하지 않을 수 있는 남자라는 상징이 덧붙여진 것이다.

　다분히 신파적인 이 멜로가 내세우는 사랑, 그 어떤 장애물로도 가로막지 못하는 변치 않는 사랑은 무엇보다도 여자가 꿈꾸는 사랑의 판타지다. 타락한 여자에게 바쳐진 순진한 남자의 순정, 그리고 마침내 ‘돌아온 탕아’처럼 회개한 여자의 행복은 타락한 남자를 구원하는 이상적인 여인상이라는, 오랫동안 남자들이 꿈꾸어온 여성상의 전도된 짝이다.

　‘햇살’처럼 순수한 사랑이 그 행복을 가로막는 개인적이면서 동시에 사회적인 시련(에이즈라는 질병의 함의를 생각해보라)에도 불구하고 운명으로 여전히 살아 있을 때, 이 무한의 순애보는 무엇보다도 현실 속에 부재하는 사랑을 허구적으로 보완하는 셈이다. 물론 여기서 실화에 바탕을 두었다는 사족은 변하지 않는 사랑이라는 판타지를 지탱하는 든든한 지원군이 된다. 현실에서는 여자들에게 외면 받는 남자, 하지만 여자들의 꿈속에 되살아나서 순박함이라는 다분히 비현실적인 이미지를 내뿜는 남자인 농촌 총각은 여성의 판타지로 소비되는 또 하나의 남성상이다.

　이 점에서 최근 많은 화제를 낳은 드라마 「커피프린스」는 여성 판타지를 위한 종합선물세트라고 할 수 있다. 이미 「태릉선수촌」에서 특유의 섬세한 감각을 선보였던 이윤정 PD는 「커피프린스」에서도 인물들 하나하나의 내면을, 그들이 살아가는 공간마다를 세심한 배려를 기울이며 그려나간다.

여자들이 꿈꾸는 프린스들로 가득 차 있는 「커피프린스」는 달콤한 여성의 신화다

서로 사촌 간인 두 남자 주인공의 집을 보라. 그것은 그동안 드라마에서 보아오던 집, 그저 스토리가 진행되는 배경으로서의 집에 머물지 않는다. 언덕 위에 그리고 건물 위에 위치한 그 집들은 단순히 시각적으로 아름다운 집이 아니라, 자유로운 영혼을 가진 예술가 한성과 멋진 남자이지만 여전히 소년인 한결의 내면을 그대로 옮겨놓은 공간이다.

이 두 남자를 흔드는 여주인공은 남자 행세를 하는 여자이다. 그런데 중요한 것은 이야기 속 남자들에게는 분명 그녀가 예쁜 남자이지만, 이미 그녀의 정체를 알고 있는 시청자들에게는 남자 같은 여자라는 것이다. 흔히 긴 생머리로 대표되는 여성성이 남자들의 판타지라면, 여자인지 남자인지 모호한 톰보이의 매력은 분명 여자들의 판타지이다(그런 여자가 여학교에서 로망이 되는 것을 생각해보라).

더구나 그녀가 남자로 행세하면서 프린스들의 세계(커피프린스의 주방!)로 들어가면, 시청자들도 그 뒤를 즐겁게 따라간다. 하물며 그 안에서 만나는 프린스들의 모습을 보라. 머리부터 발끝까지 뉴요커 스타일이라는 사장님부터 긴 머리를 묶고 손톱에 검은 매니큐어를 바른 '니폰 필'로 와플을 굽는 종업원까지, 아름다운 남자들로 가득 차 있지 않은가.

그러면서도 「커피프린스」의 왕자님들은 그동안 수많은 신데렐라들이 기다리던 왕자님과 다르다. 「파리의 연인」의 주인공이 카페에서 피아노 앞에 앉아 노래를 부르며 사랑을 고백하던 멋진 장면과 「커피프린스」의 주인공이 핸드폰을 들고 집 안을 거닐면서 여자친구에게 노래를 불러주던 장면을 비교해보라.

자기를 버리고 떠났던 여자를 다시 받아들이는 남자, 임신한 여자친구의 결정을 기다리며 전전긍긍하다가 그녀의 프러포즈를 받으며 어쩔 줄 몰라 하는 남자, "네가 남자라도 좋아, 외계인이라도 좋아"라고 소리치는 남자, 자기를 피할 수밖에 없는 여자를 사랑하여 오매불망 찾아다니는 남자, 여자를 위해 머슴처럼 의자를 들고 다니는 남자, 바람둥이임을 자부하다가 결국 더 뛰어난 선수에게 걸려들어 순한 양이 되는 남자…….

여자들이 꿈꾸는 프린스들로 가득 차 있는 「커피프린스」는 달콤한 여성의 신화다. 남성 시청자들에게는 달콤하지만 또 쌉쌀한 맛일지도 모르겠다. 아마도 꿈에선 깨어난 여성 시청자들에게도 같은 맛이리라.

3장

욕망은 어떻게
배출되는가

Homo dramacus

Homo

dramacus

멜로드라마 전성시대

| 멜로가 꿈꾸는 사랑

대한민국의 고등학생들이 조금은 따분하게 배우는 「황조가」도 사랑 노래이고, 중세 유럽인들의 심금을 울리던 「트리스탄과 이즈」 역시 애절한 사랑 노래다. 모든 이야기가 사실상 우리 안에 감추어진 욕망의 그림자라고 할 때, 남녀상열지사(男女相悅之詞)가 인간사의 영원한 화두인 것은 분명하다.

소위 사랑이란 생물학적으로 말하자면 '짝짓기'의 과정이고, 호모 사피엔스의 위대함을 고려하여 심리학적으로 말하면 '험한 세상 다리가 되어' 외로움을 극복하려는 과정이며, 거창하게 철학적으로 말하자면 분열되고 불완전한 인간이 존재론적 결핍을 메우고자 하는 시도이다. 이러한 사랑이 인간이 만들어내는 수많은 이야기의 단골 주제가 되는 것은 당연한 일이다.

사랑 이야기는 인간사의 영원한 화두이다

멜로드라마는 사랑을 이야기 하는 대표적인 장르이다. 그 어원(語源)으로 보자면 음악(melos)과 극(drama)이 결합된 말로서, 고대 그리스 연극에서 극적 효과를 높이기 위해 대화 대신 음악이 사용되던 데서 비롯되었다.

현대적 의미의 멜로드라마는 18세기 부르주아 계급의 대두와 함께 시작된다. 절대왕정과 운명을 같이한 고전극이 비극과 희극이라는 두 장르를 통해 귀족계급의 욕망과 이데올로기를 반영했다면, 이제 정치와 문화에 있어서 새로운 주체가 된 부르주아 계급을 위한 연극이 필요해진 것이다. 고결한 인물들이 운명 때문에 고통을 겪는 광경을 보면서 두려움과 연민을 통해 카타르시스를 안겨주는 비극, 반대로 열등한 인물들의 결함을 보며 웃음을 통해 삶의 교훈을 얻어내는 희극, 드라마는 이 둘의 중간지대에서 생겨난 새로운 연극인 셈이다.

비극과 희극의 정서를 혼합한 드라마는 좀 더 현실적인 모습으로 사람들의 삶을 그려냈으며, 음악적 효과도 많이 사용했다. 즐겨 사용된 주제는 역시 사랑이었다. 하지만 운명에 휩싸인 사랑의 시련보다, 이제 사랑은 현실적인 갈등으로 나타난다. 예를 들어 신분과 돈을 원하는 부모의 욕심 때문에 자식의 결혼이 방해를 받는다거나, 부르주아들의 결혼에 귀족이 개입되어 문제를 일으키는 식이다. 다시 말하면 멜로드라마 안에는 애정이라는 개인적 측면에 언제나 계급 갈등이라는 사회적 측면이 섞여 있다. 바로 이러한 설정에서 초기 멜로드라마가 지닌 사회적 혹은 정치적 특성이 생겨난다.

세상의 새로운 주인이 되었지만 귀족의 그늘에서 완전히 벗어나지 못한 부르주아 계급의 욕망을 반영하던 멜로드라마의 사회성은 현실에서의 정치 투쟁이 끝나면서 저절로 약화된다. 그와 동시에 사랑을 주제로 하여 관객의 감성을 자극하는 통속적 애정만이 남아 크게 부각되게 되고 흔히 말하듯 사랑이야기로서의 멜로드라마가 탄생하게 된다.

물론 새로운 흐름을 뜻하는 용어 신파(新派)의 함의가 말해주듯, 도식적인 구도 속에 과장된 상황을 설정하여 여성 관객의 눈물을 끌어낸다는 부정적인 의미도 더욱 커진다. 이후 본격적인 대중예술의 시대, 벤야민의 말대로 영화라는 복제예술이 연극 공연이 갖는 '일회적 현존성'의 아우라를 가려버린 시대에 멜로는 자연스럽게 영화로 이동한다.

우리나라 영화의 경우 초기 멜로드라마는 특히 급격하게 밀려온 서구 대중문화의 흐름을 타고 전통적 가부장제 밖으로 고개를 내밀던 여성들의 심리적 배출구로서의 특징을 보인다. 1968년 개봉된 「미워도 다시 한 번」이 대표적이다. 유부남을 사랑하고 미혼모가 된 여자, 결국 아이를 위해서 떠나야 하는 여자의 이야기를 그린 이 영화에는 사랑의 모험이라는 멜로적 위반과 가부장제 이데올로기에 희생당하는 여자의 순애보라는 두 가지 축이 공존한다. 중심은 당연히 후자이다. 더 정확히 말하면, 이 영화가 관객을 울린 눈물의 원천은 사랑이 아니라 모성이다. 억압된 것을 눈물로 끌어내는 데는 사랑보다 모성이 훨씬 더 안

1974년 개봉된 「별들의 고향」은 우리나라 본격적인 멜로의 시작이다

전한 통로인 것이다!

이 점에서 본격적인 멜로의 시작은 차라리 1974년에 개봉된 「별들의 고향」이라고 말할 수 있다. 남자들의 배신과 냉혹한 사회현실을 이기지 못하고 결국 죽음에 이르는 여자의 이야기는, 당시 한국적 저항문화의 상징이던 이장희의 서정적이고 퇴폐적인 음악과 함께, 관객들에게 새로운 감성을 선사하며 큰 인기를 끌었다. 하지만 이 경우에도 여자 주인공의 희생으로 이야기가 마무리된다는 점에서, 더구나 그 희생의 원인이 바로 자기 자신의 결함이라는 점에서, 이 영화가 그려낸 여성상은 상당히 피학적 정서를 담고 있다고 말할 수 있다.

「별들의 고향」이 물꼬를 튼 새로운 멜로는 1970년대 후반의 어두운 사회현실과 1980년대의 3S정책(sex, sports, screen)을 거치면서 보다 자극적이 된다.

「영자의 전성시대」의 여주인공이 식모살이에서 시작하여 사창가에 이르는 과정이 산업화의 물결에 휩쓸려 도시로 흘러온 농촌처녀들이 겪어야 했던 현실을 나름대로 담아낸 것이라면, 이른바 '호스티스 멜로'라고 불린 영화들은 성적인 일탈 자체의 쾌감을 위해 타락한 여자들의 삶을 펼쳐놓는다. 「별들의 고향」의 경아와 달리 「겨울여자」의 이화는 기꺼이 '성의 향락'을 즐기기 않는가.

「무릎과 무릎 사이」「26×365＝0」(여주인공이 살아온 26년이 헛되다는 뜻이다!) 등 제목이 말해주듯, 이런 영화는 에로티시즘적 쾌감과 비정한 현실에 던져진 여자의 몰락이라는 두 가지 요소를 교묘하게 뒤섞는다.

사회에서 배제된 여성들을 내세워 관객들에게 성적 일탈을 엿보게 하면서, 무엇보다도 멜로적 위반이 주는 쾌락을 통해 여성 관객에게 감정적 동일시를 제공한 것이다. 동시에, 본의든 타의든 가부장제가 허용하는 결혼제도에 통합되지 못한 여자들의 파멸을 지켜보는 도덕적 우월감 혹은 프티부르주아적 안도감을 제공했다.[1]

이와 달리 1950년대에 이미 「자유부인」이 그려냈던 유부녀의 성적 일탈을 노골적인 에로티시즘과 결합시킨 「애마부인」이나 변강쇠와 옹녀, 어우동 시리즈에 이르면 스크린을 가득 채운 노골적인 성적 환상은 여성의 성을 남성 관객의 은밀한 쾌감의 대상으로 물적 대상화한다. 시네페미니즘적으로 말하자면 가학적 관음증의 쾌감을 제공하는 속칭 '에로영화'로 변질된 것이다.

1990년대 후반 한국의 멜로 영화는 새로운 전기를 맞는다. 한석규와 박신양이라는 두 배우를 새로운 멜로형 주인공으로 만든 「접속」과

---

1 여기서 성적 매력으로 남자를 유혹하여 파멸시키는 여성상, 즉 팜므 파탈의 이중적 특성을 얘기할 수 있다. 대중영화들이 남성 관객의 쾌락을 극대화하기 위해 창녀(娼女)와 성녀(聖女)로 지칭되는 극단적 형태의 여성상을 만들어낸다면, 팜므 파탈은 여성의 유혹이 남성 주인공을 이끌어간다는 점에서 남성의 판타지에 충실하다고 말할 수 있다. 하지만 그 성적 매력이 남자를 파멸시키는 원인이라는 것 자체가 여성의 힘에 대한 두려움을 담고 있다는 점에서 나름대로 가부장 시스템에 균열을 일으킨다고 말할 수 있다.

「8월의 크리스마스」, 「약속」과 「편지」가 성공을 거두면서 멜로는 한국 영화의 확실한 흥행 코드로 자리 잡았고, 또한 새로운 스타일의 멜로 두 편, 즉 파멸로 치닫는 욕망의 유희를 그린 「정사」와 사랑의 환상과 환멸을 감각적으로 그려낸 「봄날은 간다」가 관객들의 사랑을 받았다.

　이러한 멜로 영화의 새로운 부흥을 어떻게 평가할 것인지에 대해서는 상반되는 견해들이 있지만, 이 작품들이 우리나라 멜로 영화 문법에 상당한 변화를 가져온 것은 사실이다. 영화 속에 그려진 여성상 역시 이전의 수동적, 피학적 모습에서 어느 정도 탈피하게 되고, 그와 맞물린 결과이지만 일탈을 바라보는 시선 역시 덜 이중적인 것이 된다. 이제 멜로는 여성 관객을 위한 본격적인 사랑의 판타지를 만들어내게 된 것이다.

　그리고 2007년 두 편의 영화 「사랑」과 「행복」이 또 다른 방식으로, 여전히, 사랑을 이야기한다. 마초적 순정과 비겁한 사랑이라는 점에서 대척점에 있는 것처럼 보이는 두 영화는 사실상 사랑에 관한 남성적 판타지를 보여준다는 점에서 많이 닮아 있다.

│ 호모 자피엔스의 감정교육 │

　　　　　요즈음 멜로 영화의 퇴조가 자주 이야기된다. 사람들의 삶의 방식이 지극히 개인적이고 현실적이 되어버렸고 사람들의 눈이 거대한 스펙터클에 익숙해진 오늘날, 낭만적 감성에 기반을 두고 감정적 몰입을 요구하는 멜로 영화의 퇴조는 지극히 당연하다는 주장도 있다.

하지만 굳이 집 밖으로 나가기보다는 리모컨을 손에 들고 세상의 이야기를 즐기는 '호모 자피엔스'의 시대에, 멜로는 TV로 옮겨가서 여전히 전성시대를 이어가고 있다. 가족 모두 일터로 나가고 혼자 남은 주부들을 위한 아침 드라마부터 저녁 늦은 시간대 방영되는 미니시리즈 드라마들까지 TV는 온통 사랑 이야기로 넘쳐나지 않는가. 거실 소파에 앉아 리모컨만 누르면 애절한 사랑 이야기가 펼쳐지는 것이다! 이제 TV 드라마는 호모 자피엔스(Homo Zapiens)[2]의 감정 교육을 담당한다.

가장 쉽게 만날 수 있는 유형은 다분히 '소프 오페라'[3]적인 멜로로, 도식적으로 반복되는 구도 속에 얽혀 있는 남녀관계를 주로 그려낸다. 이런 멜로드라마에서 남녀의 애정문제는 특히 가족을 중시하는 우리나라의 특성상 흔히 결혼을 둘러싼 가족 내 갈등과 연결되어 있다. 대부분 오직 사랑을 위해 살아가는 여자가 주인공이다. 이들은 사랑에 모든 것을 걸고, 결혼이 곧 삶의 목표이기에 사회적 의식이나 역할은 잊어버린다. 이들에게 닥치는 최대의 시련은 당연히 남자의 배신이다! 그리고 배신은 눈물과 복수를 불러온다.

「젊은이의 양지」의 여주인공이 자기를 버린 남자를 그저 울며 보내고 아이를 혼자 키워서 결국 남자가 돌아오는 구도였다면, 「청춘의

---

2 영어의 'zap'이 "(TV 광고를 보지 않기 위해) 리모컨을 이리저리 돌리다"라는 뜻을 가진 데서 만들어진 말이다. 호모 자피엔스는 호모 사피엔스의 사촌일까, 변종일까?

3 초기 미국 TV에서 주방송시간대가 아닌 낮 시간대에 방영되던 멜로적 연속드라마를 지칭했다. 비누 회사의 광고 스폰서를 받은 데서 비롯된 용어다.

덫」의 여주인공은 사랑 대신 돈을 택한 남자를 용서하지 않는다. 이러한 차이는 물론 자식의 존재 자체를 몰랐던 「젊은이의 양지」의 남자와 달리 「청춘의 덫」의 남자가 스스로 아이를 버린 것과도 연관이 있을 테지만, 버림받은 그녀들의 복수 역시 의도적이라기보다는 우연히 찾아온다. 아마도 시청자의 멜로적 감성에 대한 배려인 듯, 남자가 새로 선택한 다른 여자의 가족 중 누군가가 그녀를 사랑하게 되고 그럴 때 그 사랑을 거절하지 않는 것이 바로 그녀들의 복수인 것이다.

이러한 배신과 복수의 도식은 여전히 유효하다. '2007년 판 청춘의 덫'으로 불린 「사랑하는 사람아」에서, 네 명의 청춘남녀 사이의 서툴고 거친 사랑을 그려낸 「케세라세라」에서, 그리고 가장 최근의 「못된 사랑」에서, 배신과 복수는 일종의 멜로적 원형이 되어 반복된다.

사실 「못된 사랑」은 멜로드라마가 갖는 상투적 도식을 거의 그대로 되풀이한다는 점에서 이른바 정통 멜로라 불릴 만하다. 이미 부인이 있는 남자와 그 사실을 모른 채 사랑에 빠진 여자, 그녀를 사랑하지만 사랑보다는 처가의 돈을 택하는 남자, 남편이 자기를 사랑하지 않는다는 것을 알면서도 놓아줄 수 없는 그 남자의 여자……. 이런 상황에서 버림받은 여자에게 찾아온 새 사랑은 당연히 배신한 남자의 가족, 그러니까 그 부인의 이복동생이다.

새로운 만남을 시작하는 이들은 돈을 탐하지도 않고 복수를 원하지도 않는다. 하지만 두 사람의 사랑은 본인들의 의도와 상관없이 곧바로 복수가 될 것이며, 죄의식과 질투를 불러올 것이고 돈을 둘러싼 가족 간의 싸움과 맞물려 거친 풍랑을 일으킬 것이다. 중요한 것은 이러한 상투적 도식 외에도 너무 쉽게 찾아오는 극적 사건들과 우연(불치병, 교통사고, 쌍둥이처럼 닮은 사람…… 이게 다 들어있다!) 그리고 역시 너무 자주 등장하는 눈물과 감정의 토로가 오히려 시청자의 몰입을 가로막는다는 것이다. 너무 쉽게 예측 가능하고, 그래서 진부하다.

이에 비해 「케세라세라」는 유사한 도식을 반복하면서도 제목 그대로 몰입을 요구하기보다는 무심할 정도의 차가운 시선으로 이야기를 이끌어간다. 그러한 거리는 시청자가 인물들의 내면에 더 깊이 다가갈 수 있게 해준다. 그렇게 해서 인물들 사이에 벌어지는 은밀한 욕망 게임이 치밀하고 섬세하게 그려지며, 또한 인물들의 폭력적 매력 혹은 나약한 흔들림의 근원이 되는 계급적 허위의식까지 담아낼 수 있게 된다.

여기서 우리는 TV 멜로드라마의 한 가지 특성을 보게 된다. 즉 멜로드라마적 사랑은 여전히 신분의 문제와 맞물려 있다는 것이다. 이미 얘기한 대로 초기 멜로 연극에서 사랑이 언제나 부르주아 계급과 귀족 간의 갈등이라는 정치성을 띠고 있었고, 부르주아 계급이 정착되면서 사랑 이야기만 남아 현대적 의미의 멜로가 형성되었다고 한다면, 사실상 멜로는 여전히 동일한 정치성을 담고 있는 것이다. 물론 이번엔 귀족과 부르주아가 아니라 부르주아와 프롤레타리아의 문제이다. 자본주의의 주인인 부르주아의 시대에 멜로드라마는 갈등하며 공존하는 두 계급의 욕망의 싸움을, 그 현실과 허위의식을 그려내기에 적합한 장르인 것이다.

「발리에서 생긴 일」은 사회적으로 구조화된 계급 간의 갈등과 개인의 내면에서 일어나는 욕망의 싸움을 가장 잘 그려낸 드라마이다. 계급의 차이 때문에 헤어졌지만 여전히 마음속에 서로를 간직한 남녀에서 이야기가 시작한다. 여자는 이미 신분에 어울리는 새 남자를 만났지만, 옛 남자는 이전보다 더욱 어두운 자폐적 세계 속에 갇혀 있다. 이런 차이는 분명 개인적 성향만이 아니라 그동안 짊어지고 살아온 현실의 무게의 차이에서 비롯되었을 것이다.

여자의 새 남자는 현실에 안주하며 자신의 영역이 침해되는 것을 싫어하는 안일한 부르주아의 상징이다. 이 세 사람 곁에 또 한 여자가 나타나면서 욕망과 질투의 게임이 시작된다. 단 한 번도 웃어주지 않은 세상에 시달리면서도 꿋꿋하게 살아가는 '수정'이라는 빛나는 이름의 이 여자는 두 남자 모두의 사랑을 받게 되고, 그녀 역시 두 남자를 모두, 서로 다른 방식으로 사랑하게 된다. 그런데 이 복잡한 관계는 사실상 사랑이라고 부르기 어렵다. 차라리 모호한 욕망이라고 해야 할 이들의 관계는 대상이 꼭 필요하지 않는 욕망이며, 본능적 생존의 힘과 동의어처럼 보인다. 어차피 수정을 향한 두 남자의 욕망도 다른 여자에 의해 촉발된 것이 아닌가. 부르주아 남자는 약혼녀가 간직한 옛사랑의 흔적이 준 배신감 때문에, 프롤레타리아 남자는 여전히 욕망하지만 절대로 가질 수 없는 여자가 상징하는 세상과의 싸움 때문에, 두 사람 모두 수정을 원하는 것이다.

좀 더 근원적으로는, 두 여자를 내세운 두 남자의 싸움은 사실상 세습된 신분과 개인적 능력의 싸움이다. 능력은 있지만 사회적으로 아래쪽에 있어야 하는 남자는 세상과 자존심 싸움을 하고 있고, 능력이 없어도 위에 있는 남자는 그것을 무기로 쓰기에는 나약하고 착하지만 그래도 상대를 인정할 수 없어서, 역시 싸운다.

　그람시의 책을 건네주는 '헤게모니' 싸움의 동지인 한 남자, 그리고 인생역전을 위해 떠났던 발리에서도 찾지 못했던 밝은 태양을 건네줄 수 있는 또 한 남자, 수정은 이 둘 사이를 끝없이, 마지막 죽음의 순간까지 오간다. 그리고 시청자는 그녀의 흔들림에 기꺼이 면죄부를 주게 된다. 그녀가 짊어진 현실의 무게를 굳이 환기하지 않더라도, 어차피 두 남자의 욕망 역시 이 여자를 사랑해서라기보다는 그저 소유함으로써 서로에게, 원래 원하던 다른 여자에게, 그리고 세상에 보여주고 싶은 것이니까 말이다.

　이들이 벌이는 소유욕과 질투의 게임은 「케세라세라」가 화해로 끝을 맺은 것과 달리 멜로적 관행을 뒤집는 충격적인 결말로 시청자들에게 출구 없는 현실을 떠안긴다.

웨딩홀과 러브호텔 사이

　그렇다면, 처음에 얘기한 것처럼 사랑 이야기가 동서고금을 막론하고 인류 공통의 테마라는 것을 감안한다 해도, 우리나라 TV에서 이토록 화려하게 멜로드라마 전성시대가 이어지는 이유는 무엇일까? 실제 우리나라 드라마의 멜로 사랑은 집착의 수준에 이르렀다고 해도 과언이 아니다. 「프리즌 브레이크」나 「그레이 아나토미」에 열광하는 '미드족' 열풍 역시 넘쳐나는 멜로 코드에 지친 시청자들로

'미드족' 열풍은 넘쳐나는 멜로 코드에 지친 시청자들로 설명된다

설명될 정도가 아닌가.

대한민국 드라마의 주인공들은 그 어떤 전문적 능력을 가지고 있어도, 심지어 이야기의 진행이 그들이 전문성 안에서 이루어질 때조차도 모두 사랑에 빠져 있다. 또 그 사랑은 복잡하게 얽혀 있다. 그리고 더 큰 문제는 그런 사랑이 이야기 진행에 직접적으로 개입한다는 것이다.

케이블 TV에서 방영된 「별순검」이 시청자의 사랑을 받는 것은 이 드라마의 멜로 라인이 인물의 내면을 그리는 데 기여할 뿐 사건 진행에 직접 개입하지 않기 때문이다. 마찬가지로 많은 제작비를 들이고 전문성을 내세웠던 「에어시티」가 기대 만큼의 성공을 거두지 못한 것은 국정원과 공항이라는 전문적 공간의 매력이 뒤얽힌 애정관계에 가려 제대로 빛을 발하지 못했기 때문이다. 하기야 하늘의 뜻을 받아 '쥬신' 나라를 세우려는 임금의 이야기 「태왕사신기」에서도, 해방 전후 혼란한 시대상을 그려낸 「서울 1945」에서도, 주인공을 움직이고 사건을 만들어내는 것은 언제나 사랑이지 않은가.

이러한 멜로 제국을 바라보는 시선은 부정적일 수밖에 없다. 현실도피적 환상이고 싸구려 대리만족으로 가득 찬 배출구일 뿐이라고 개탄하는 목소리 역시 설득력이 있다. 그렇다면 그런 배출구가 왜 그렇게 많이 필요한가? 우리나라의 여자들이(여성 시청자가 절대적 다수이므로, 일단 멜로를 사랑하는 남성 시청자들은 제쳐 두자) 유난히 감성적이라서? 아니면, 비현실적이라서? 보수적이라서? 물론 한 가지로 전체를 단정할 수는 없겠지만, 어쨌든 우리 사회의 이런 특이한 현상은 역시 특이한 성(性)문화와 연결되어 있다고 말할 수 있을 것이다.

순결 이데올로기가 위세를 떨치는 나라,[4] 이상야릇한 모습으로 버티고 선 웨딩홀에서 두 개인보다는 두 가족이 하나로 결합하는 나라, 웨딩드레스의 순백색이 순수한 사랑보다는 합법적이어서 밝은 곳에 내놓을 수 있는 사랑을 의미하는 나라, 하지만 그와 동시에 밤문화(얼마나 함의가 다양한 말인가!)가 가장 발달한 나라, 웨딩홀에 질세라 더욱 야릇한 외관으로 시선을 끄는 러브호텔들이 늘어선 나라, 성매매를 금지하면 결혼 안 한 남자는 어떻게 하냐고 국회의원이 묻는 나라……. 이 정도면 이중적이라는 말보다는 기이하다는 말이 더 어울린다.

원래 성이란 삶 속에서 직접 체험하는 것이지만, 어떤 이유에서건 사회가 그것을 금기로 삼을 때, 억눌린 욕망을 해소시키는 가장 좋은 방법은 실제가 아닌 상상의 대용품을 제공하는 것이다.

성과 관련하여 자주 사용되는 '음란한'이라는 단어를 보자. 'ob'라는 접두사와 'scene'이라는 명사가 결합한 이 말은 결국 '무대 위에 올릴 수 없는'이란 의미가 된다. 무대가 좁을수록, 그래서 웨딩드레스

---

4 언젠가 한 단체에서 순결교육을 위해 사춘기 여학생들에게 모형 은장도를 나누어주었다는 기사가 있었다. 은장도는 나를 덮친 자를 희생시키기 위한 것이 아니라, 나 하나 희생해서 내가 속한 집단을 온전히 보호하기 위한 것이라는 것을 굳이 언급하지 않더라도, 이것은 한 편의 슬픈 코미디다.

의 흰색과 러브호텔 네온사인의 붉은 빛밖에 현실이라는 무대 위에 설 자리가 없다면, 나머지는 어떤 식으로든 출구를 찾아 망령처럼 떠돌아다닐 수밖에 없을 것이다. 성이 억압된 사회일수록 역설적으로 성의 스펙터클이 넘쳐나는 것은 이 때문이다.

소비자본주의 사회가 직접 체험하는 성보다는 성 스펙터클의 소비를 우위에 두는 것은 그렇게 해서 대중들에게 산업일꾼의 의무와 소비자의 의무를 동시에 부여할 수 있기 때문이다. 다시 말하면 노동의 의무를 저버리지 않으면서 소비를 통해 억압을 해소하는 즐거움을 누리게 해주는 것이다.

이런 점에서 흔히 성의 상품화라는 말로 불리는 포르노적 이미지들이 남성의 억압을 달래주는 것이라면, 문화적 이유로 한 단계 더 보수적이어야 하는 여성들의 억압을 달래주는 멜로드라마의 상상적 일탈은 상당히 효과적인 것으로 보인다. 멜로드라마에서 넘쳐나는 사랑의 판타지는 웨딩홀과 러브호텔 사이에 낀 성의 모순이 택한 안전한 통로일지도 모른다.

| 멜로, 눈물의 카타르시스 |

물론 사랑이 이루어지기까지의 일화들을 즐거운 시선으로 그려나가는 로맨틱 멜로도 있지만, 멜로드라마는 기본적으로 즐겁고 달콤한 사랑보다는 슬픈 사랑을 좋아한다. 아름다운 사람들의 가련한 슬픔은 우리를 슬프게 하고 울게 만든다. 그리고 그들이 불쌍해서 우는 우리의 울음은 이내 우리 안의 슬픔을 끌어내고 우리의 마음을 달래준다.

고결한 주인공들이 겪는 운명적 시련이 관객들에게 두려움과 연민을 자아내는 것이 고전 비극의 카타르시스의 근원이라면, 대중문화 시대의 멜로드라마는 속화된 비극미에 의해 지탱되는 것이다. 멜로드라마에 불치병이나 교통사고가 자주 등장하는 것은 주인공의 결함이나 실수로 야기된 불행보다 불가항력적으로 닥치는 불행이 비극미에 더 가깝기 때문이다. 또 멜로의 주인공이 아름답고 착해야 하는 것은 흠 없이 고결한 주인공에게 닥친 시련이 더 비극적이기 때문이다.

내적으로 아무런 결함이 없는 사랑, 하지만 죽음 때문에, 신분의 차이 때문에, 혹은 가족사 때문에 이루어질 수 없는 사랑, 그래도 결코 포기할 수는 없는 사랑, 한마디로 운명적 사랑의 판타지는 우리에게 눈물의 카타르시스를 제공한다. 그러한 판타지는 그동안 남성들을 위해 바쳐온 여성들의 사랑을 보상하듯, 불가능한 줄 알면서도 그 사랑을 지키려는 헌신적인 남자라는 여성의 판타지로 완성된다.

죽어가는 연인을 업고 해변을 걷던 「가을동화」의 남자, 사랑하는 여자를 위해 기꺼이 비천해지겠다고 절규하던 「다모」의 종사관 나리, 자신의 죽음보다 남겨질 여자에 대한 연민으로 슬퍼하던 「미안하다 사랑한다」의 남자……. 이들의 슬픔은 우리를 슬프게 하고, 우리의 삶을 위로한다. 그것은 어쩌면 우리의 현실 속에서 영원한 사랑을 가질 수 없다는 슬픔을 가상의 슬픔으로 치유하는 일종의 '동종요법'인지도

멜로드라마가 만들어내는 것은 리얼리티를 떠난 사랑의 시뮬라크르들이다

모른다. 삶 속에 진짜 사랑의 함량이 부족할수록 사랑 이야기가 넘쳐나는 것이다!

결국 멜로드라마가 반복하는 진부함에도 불구하고, 좋은 멜로드라마가 그려내는 슬픈 사랑은 우리 영혼의 밑바닥의 슬픔을 건드는 슬픔이라고 말할 수 있다. 멜로드라마가 촉발하는 눈물의 카타르시스는 실연의 상처나 아픈 사랑의 기억을 넘어서 우리 안의 보다 근원적인 삶의 슬픔을 건드리고, 들쑤시고, 그래서 눈물 흘리게 하는 것이다.

우리가 흘리는 눈물은 현실을 살아가기 위해 우리가 잊어야 했던 것을 되살려주며 잠재된 욕망을, 억눌린 혹은 어눌해서 드러내지 못한 욕망의 진실을 보여줄 수 있다. 누구나 운명처럼 짊어진 실존의 고통스런 진실을, 속죄양의 희생을 통해 드러나는 실존적 운명을 직시하는 카타르시스는 그렇게 체험된다. 그것은 리얼리티에 눌렸던 판타지의 반격이며, 로고스(Logos)의 메마름을 적시는 에로스(Eros)의 습기다. 물론 언제든 귀환할 수 있는 리얼리티를 의식하면서 말이다.

바타이유의 말대로 에로티즘이란 무엇보다도 금기의 존재, 나아가 금기의 당위성 자체를 껴안은 채 시도하는 위반의 쾌락이 아닌가? 보드리야르식으로 말하면, 멜로드라마가 만들어내는 것은 리얼리티를 떠난 사랑의 시뮬라크르들이다. 우리는 "이 가짜는 진짜입니다"라고 들이미는 떠도는 사랑의 기표들 사이에 서서, 마치 금방이라도 잡힐 듯한 3D 화면의 물체들을 향해 손을 내밀듯, 그렇게 사랑의 판타지에 젖어드는 것이다.

여기서 묻게 된다. 리얼리티 자체가 부재할 때 기표들은 단순한 대체물 이상의 의미를 갖지 않을까? "이 가짜는 진짜입니다"가 "이 진짜는 가짜입니다"가 될 때, 우리는 사랑을 '시뮬라시옹' 하면서 그것을 내 존재 안에 끌어안는다.

이렇게 부재하는 삶의 의미 주변을 서성이며 포스트모던 시대를 사는 것, 이것이 안온한 현실의 결핍을 메우는 알리바이가 될지 아니면 반대로 안온한 현실에 대한 저항의 몸짓이 될지, 페미니즘적 관점에서 말하자면 환상적으로 이루어지는 일탈의 체험이 현실에 있어서 더욱 수동적으로 가부장제에 순응하게 만들지 반대로 비판적 거리를 지니게 할지, 또 정치적 관점에서 말하자면 멜로드라마가 드러내는 부르주아의 허위의식이 더 나은 체제 통합을 위한 '억압적 관용'이 될지 계급 모순에 대한 실천적 시각을 제공할지는, 모두 각자의 몫이리라.

대중영화의 카타르시스

대중영화는 대중의 사랑을 먹고 산다. 그리고 대중의 사랑은 관객 수라는 가시적 통계를 통해 드러난다. 물론 영화의 흥행에는 여러 가지 외적 요인이 개입하기 때문에 관객 수가 언제나 작품성과 비례하는 것은 아니다.

어쨌든 1990년대 말 한국 최초의 블록버스터 「쉬리」로 시작된 '한국영화 르네상스'는 「공동경비구역 JSA」 「친구」 「살인의 추억」을 지나 2004년 나란히 천만 관중을 돌파한 「태극기 휘날리며」 「실미도」와 함께 장밋빛 전망의 절정에 이른다. 그리고 한동안 깨지지 않을 것 같던 「태극기 휘날리며」의 기록도 2005년 「왕의 남자」, 2006년 「괴물」이 넘어서버린다. 일단 2007년 기록 갱신 행렬은 멈춘 상태이고(2007년 최고 기록은 민족주의를 둘러싼 논쟁에 힘입어 오히려 역대 관객 동원 5위를 차지한 「디워」이다), 어느새 한국영화의 위기가 거론되기도 한다.

사실 한국영화의 부흥은 거대자본이 영화산업에 투입되면서 영화제작이 투자 상품이 된 것과 때를 같이한다는 점에서 이러한 우려의 시선은 나름대로의 설득력을 갖는다. 하지만 지난 10여 년간 이어진 한국영화의 양적 팽창 안에는 분명 영화 자

영화의 수용은 영화관이라는 공간의 무의식적 호소력과 관계된다

체의 질적 발전, 창의성과 다양성의 가능성이 공존하는 것도 사실이다.

대중영화는 대중의 바람과 소망에 부응하여 재미와 감동을 주려 한다. 그렇기 때문에 흔히 작가주의 영화 혹은 예술영화라 불리는 작품들이 감독 자신의 스타일과 세계관을 자유롭게 영화에 담아내는 것과 달리, 대중영화는 통념과 관습을 어느 정도 존중할 수밖에 없다.

예술영화가 예술적 재현을 통해 현실의 의미를 추구하고 깨우침을 얻는 다분히 지적인 카타르시스를 제공한다면, 대중영화의 카타르시스는 관객들을 감정이입시키고 작중인물들과 함께 웃고 울면서 즐거움을 누리게 한다. 원 없이 울고 나면, 신나게 웃고 나면, 가슴 속이 시원해지지 않는가? 그리고 나면 현실의 무거운 삶이 조금은 가벼워지고, 또 때로는 지금까지와 다른 시선으로 삶을 바라보게 되지 않는가?

영화 관객들의 감정이입은 소설의 경우보다 더 강하고 감각적이다. 소설의 인물들이 독자의 관념 속에 추상적으로 그려지는 존재라면, 내러티브와 이미지 그리고 음향 등을 사용하여 허구세계를 만들어내는 영화의 경우 그 인물들은 구체적인 현실로, 뼈와 살을 가진 구체적

인 인간의 모습으로 존재하기 때문이다. 그들은 관객의 분신이 되어 마음 깊숙이 들어앉은 상처를 달래주기도 하고, 억눌렸던 욕망을 불러내기도 한다.

유사한 예술 중에서도 특히 영화의 수용은, 시간적으로 분산되고 공간적으로도 보다 일상적인 삶 속에 흩어진 드라마와의 비교에서도 드러나듯 가장 집약적이다. 이는 영화관이라는 공간이 지닌 무의식적 호소력과도 관련된다. 극장은 무엇보다도 외부로부터 단절된 공간이며, 집단적 공간이지만 동시에 관객들 각자를 분리해주는 어둠으로 인해 지극히 개인적인 공간이다. 그 안에서 관객들은 밝은 화면 속에 거대하게 증폭된 타인의 삶을 바라보면서 보다 쉽게 그들과 하나가 되는 것이다.[1]

「태풍」, 순진한 비극의 거북한 눈물

천만 관객의 신화를 달성한 「태극기 휘날리며」를 이을 영화로 기대를 모았던 「태풍」은 예상과 달리 흥행에 참패하고 막을 내렸다. 사실 「태극기 휘날리며」와 「태풍」은 많은 부분에서 닮아 있다.

---

1 메츠의 관객 이론에 따르면, 영화 관객은 뒤편 어두운 곳에서 넓고 밝은 앞쪽 화면으로 퍼져나가는 영상 속의 세계를 자신의 눈에서 퍼져나간 세계, 자신이 주체인 세계로 받아들이고 그러한 나르시스적 동일시를 통해 허구의 세계에 감정이입된다. 이것은 곧 절시증, 관음증, 물신적 응시 등의 쾌락, 즉 전(前)-오이디푸스 단계로의 퇴행의 쾌락을 제공한다.

무엇보다도 두 영화 모두 자신의 의지와는 상관없이 비극적 상황에 던져진 주인공들의 이야기이며, 더구나 그 비극이 개인의 차원에서 해결할 수 없는 역사적 현실에 뿌리를 두고 있다는 점에서 그렇다. 두 영화의 계보는 분단된 조국의 현실이라는 내용 면에서나 블록버스터 급의 규모로 보나 「쉬리」로 거슬러 올라간다.

한국 영화사에서 「쉬리」가, 정확히는 「쉬리」의 성공이 큰 이정표를 세웠다는 것에는 이론의 여지가 없다. 「쉬리」는 블록버스터답게 규모부터 달랐고, 흥미와 감동을 이전에 볼 수 없었던 세련된 방식으로 배합해냈다. 무엇보다도 민족적 비극을 서스펜스 넘치는 현재형으로 옮겨놓음으로써 감동을 극대화하는 데 성공했다. 관객들이 누리는 전쟁 액션의 쾌감에는 또한 조국이 달라서 서로 적이 되어야 하는 연인들의 슬픔이라는 멜로적 장식도 덧붙여진다.

이에 비해 「태극기 휘날리며」는 역사적 현실을 재현하기 위해 좀 더 공을 들인다. CG 효과를 사용한 웅장하고 사실적인 스펙터클은 한국전쟁을 우리 모두가 느끼고 공유하는 과거로 되살려놓기에 충분했다. 하지만 그렇게 마련된 역사적 현실은 사실상 주인공들이 치러내야 하는 비극의 발단을 제공했을 뿐, 이내 배경 속으로 사라진다. 개인의 비극과 조국의 비극 사이에서 영화는 조국 분단이라는 역사적 현실을 과감히 혹은 가볍게 버린다(이 점에서 '태극기 휘날리며'라는 제목은 부재하는 역사성의 과대포장이라는 의혹을 지우기 어렵다).

결국 역사는 형제애에 기반을 둔 가족 드라마를 위한 미학적 장치로 기능하며, 이 점에서 이 영화의 관객이 누리는 쾌감은 차라리 멜로 영화가 제공하는 쾌감과 유사하다고 말할 수 있다. 하지만 팩션이란 어차피 역사를 허구화함으로써 공식적인 역사가 미처 보여주지 못하는 개인들의 삶을 드러내는 장르가 아닌가. 「태극기 휘날리며」는 역사적 비극을 온전히 형제애의 축으로 옮겨놓음으로써 오히려 멜로적 카타르시스를 촉발시킬 수 있는 내적 응집력을 지니게 된다.

그렇다면 「태풍」은 어떠한가. 화려한 볼거리에도 불구하고 이 영화가 실패한 원인으로는, 무엇보다도 가족 멜로의 축과 역사적 현실의 축을 동시에 잡으려 했기 때문이다. 유기적으로 연결되지 못한 두 축이 엇갈리면서 이야기의 응집력이 흐트러진 것이다. 차라리 가족사의 비극에 초점이 맞춰진 초반부는 나름대로 긴장이 유지되며 설득력이 있다.

하지만 「태풍」의 주인공은 가족의 원수를 처단하는 데서 만족하지 못하고 가족을 버린 조국도 응징하려 한다. 문제는 바로 그 순간, 그러니까 조국이 영화의 또 다른 주인공으로 등장하는 순간, 조국으로부터 버림받아 조국의 적이 된 인물 외에 또 다른 적, 더 큰 적이 갑자기 끼어든다는 것이다. 그러니까 영화는 돌연 외세(外勢)라는 거대한 진짜 적과 맞서는 우리 모두의(관객까지 포함된다!) 민족주의 액션이 된다.

결국 「태풍」은 가족과의 이별, 특히 누나와의 이별을 그린 지나치게 긴 회상 면이 보여준 가족 로망과 우리 밖의 적에 맞서 하나가 되어야 하는 민족 드라마의 서스펜스 사이에서 삐걱거릴 수밖에 없다.

더 큰 문제는 그 과정에서 일어난 비극성의 과도한 노출이다. 온기 없이 진행되던 초반부의 긴장은 이내 '한 민족'의 감상 혹은 강박관념으로 인해 지나치게 따뜻해진 시선 속에 흩어져버린다. 해사 동기생들이 의기투합하는 장면도 실소를 자아내지만, 가장 짜증스러운 건 역시 마지막에 두 주인공이 마주 서서 "어쨌든 우리가 말이 통한다"라고 서로를 위로하며 관객에게 설명하는 장면이다.

감동적이지? 그렇지? 라고 계속 밀어붙이는 영화 앞에서 관객은 속울음을 울 틈도, 머리가 즐거울 틈도 없다. 관객의 몫으로 남겨두어야 할 의미와 감동을 직접 나서서 주장하는 서사의 과잉 앞에서 관객은 당혹스럽다. 관객의 감정적 동일시를 위한 모든 과정을 뛰어넘은 채 과도하게 노출된 비극성이 넘쳐날 때, 남은 것은 미처 울 준비가 안 된 관객 앞에서 순진한 비극이 강요하는 거북한 눈물뿐이다.

│ 「왕의 남자」, 웃음과 눈물의 줄타기 │

사실 많은 사람들에게 「왕의 남자」의 성공은 의외의 사건이었다. 흥행에 불리한 요소로 여겨지던 사극 장르를 비교적 작은 규모로, 더구나 세칭 일류 스타도 없이 도전해서 거둔 성공이기에 더 큰 화제가 되었다.

관객들은 이 영화의 어떤 면에 그렇게 끌린 것일까? 「왕의 남자」의 힘은 무엇보다도 사극이라는 장르가 제공하는 이질감과 그 주제의 현재성이 참신하고 절묘한 조화를 이룬 데서 비롯된다. 무릇 모든 예술 작품은 그 안에 그려진 세계의 의미와 관객들이 살아가는 현재 세계의 의미가 소통할 때 가장 큰 호소력을 갖게 되는 것이다.

이질적인 코드들이 엉킨 듯 균형을 이루면서 빠르게 진행되는 이야기 역시 흡인력이 강하다. 「왕의 남자」에는 고귀함과 속됨, 예술의 재현과 현실, 눈물과 웃음, 이 모든 것이 허공에서의 외줄타기처럼 팽팽하게 긴장을 유지하고 있다.

주인공은 광대와 왕이다(영화의 제목이기도 한 '왕의 남자'는 두 주인공을 연결하는 매개적 인물이다). 비천함의 상징으로 웃음을 팔아 살아가는 광대, 존귀함의 상징으로 권력의 정점에 있는 왕, 이 두 인물은 신분상으로 대척점에 있다. 비천한 존재이기에 버릴 것이 없고, 그래서 모든 걸 내걸면서도 두려울 게 별로 없는 광대. 존귀한 존재이기에 원하는 대로 다 할 수 있고, 하지만 자신을 내걸기 위해서는 모든 것을 버려야 하는 왕. 두 인물은 서로의 분신이다. 그래서 광대가 재현해낸 웃음에 왕이 현실의 웃음으로 답하는 순간 둘은 한편이 된다. 그리고 왕의 적이자 광대의 적인 대신들(적당히 가졌기에 쉽게 버리지도 걸지도 못하는 관념적인 인물들)에 맞서게 된다.

그러나 왕과 광대가 벌이고 있는 것은 사실상 아버지와의 싸움이다. 임금에게 선왕(先王)을 닮으라고 다그치는 대신들은 여전히 살아 있는 아버지이다. 아버지와의 동일시를 거부하는 아들에게 살아 있는 아버지는 제거의 대상이다. 그래서 왕은 아버지를 죽이듯이 대신들을 죽인다.

여전히 '친부살해'를 욕망하는 자, 욕망을 금기로 극복하지 못한 자, 임금은 말하자면 실패한 오이디푸스이다. 그가 녹수에게 끌리는 것은 녹수가 오이디푸스 기(期) 이전의 어머니이기 때문이고, 공길에게 끌리는 것은 공길이 남성성과 여성성의 중간에 놓인 어머니, 그래서 위험하지 않은 어머니이기 때문이며, 장생에게 끌리는 것은 장생이 웃음을 통해 상징적

「왕의 남자」는 광대와 왕이 함께 벌이는 웃음과 눈물의 줄타기이다

친부살해를 실행하기 때문이다.

광대 장생은 어떠한가? 그는 신분의 제약을 뛰어넘으려 하는 자이고, 심지어 왕까지 조롱하는 큰 판을 벌이는 인물이다. 하지만 그의 신명에는 언제나 눈물이 배어 있다. 그가 만들어내는 웃음은 바로 자신이 넘어서고자 하는 신분의 제약이 있기에 가능한 웃음이기 때문이다.

공길에 대해서도 마찬가지다. 장생은 금기를 받아들인 성공한 오이디푸스이기 때문에, 공길에게 입을 맞추는 왕과 달리 잠든 공길의 이불을 덮어주는 일밖에 할 수 없다. 그러니까 '비역질'의 욕망 때문에 더 많이 시달린 건 어쩌면 왕이 아니라 장생이다. 자기가 억누른 욕망을 누리는 자를 비난하면서, 그는 슬플 수밖에 없는 것이다. 오이디푸스처럼 눈을 잃고 줄타기를 하며 허공에 정지된 마지막 장면은 그렇게 해서 완성된다.

「왕의 남자」는 또한 그림자극, 인형극, 줄타기, 경극, 광대놀이판 등 여러 가지 볼거리를 제공한다. 그중에서 경극과 광대놀이판은 단순한 볼거리를 넘어 극중극으로 이야기에 개입한다. 우선 경극 공연은 극중 인물인 왕이 극중극의 세계에 감정이입하게 해주며, 그렇게 해서 그동

안 가려졌던 내면을 드러내는 계기가 마련된다.[2] 공연 도중 왕은 극중 어머니인 공길에게 달려들지 않는가.

이에 비해 광대들이 장터에서 벌이는 놀이판은 좀 더 적극적으로 이야기의 진행에 개입한다. 광대놀이는 우스꽝스러운 장면을 통해 웃음을 촉발하는 전형적인 희극이다. 대상을 조롱하면서 무의식적 불안을 해소하는 것, 이것이 웃음의 일차적 기능이라고 할 때, 더구나 현실 속에서 무서워서 맞서지 못하는 것, 금지되어 있어서 함부로 건들지 못하는 것(권력과 성이 대표적이다)을 소재로 할 때, 웃음은 우리가 두려워하고 있는 것이 실상은 우스꽝스러운 것이라고 뒤집어 보여준다.

물론 이러한 작용이 언제나 현실을 위태롭게 하는 것은 아니다. 오히려 일시적이고 상상적인 해소를 통하여 현실의 불안 요소를 제거해줄 수 있다. 지배층이 풍자의 웃음을 금기의 테두리를 넘지 않는 한에서 허용한 것은 그 때문일 것이다.

그런데 이 광대놀이판이 장터를 떠나 궁궐로 옮겨가면서 상황은 달라진다. 관객이 풍자의 주체 혹은 공모자가 아니라 풍자의 대상이 되는 순간, 웃음은 상당히 복잡해질 수밖에 없다.

---

2 극적 개연성의 측면에서나 역사적 사실성의 측면에서 광대들의 경극 공연이 논란거리가 되는 것은 사실이다. 경극은 우선 19세기에 시작된 연극이기에 연산군 시기와 맞지 않으며, 더구나 무엇보다도 섬세한 몸짓연기가 중심이 되는 연극이라는 점에서 광대들의 경극 공연은 개연성이 떨어진다. 그럼에도 불구하고 「왕의 남자」가 경극을 필요로 했던 것은 영화, 그 자체에 희미하게 깔린 동성애를 환기하게 해줄 중성적 분위기 때문이 아니였을까? 여기에는 관객들에게 이미 각인되어 있을 영화 「패왕별희」의 동성애 코드도 개입되었을 것이다.

물론 자기 자신에 대한 조롱을 보며 깨달음을 얻는다면 풍자의 웃음은 현실을 변화시킬 수 있을 것이다. 광대 패를 궁궐에 끌어들인 내관 처선이 의도한 것이 바로 그것이다. 풍자로 재현된 허구가 현실을 파고들 수 있다고 믿은 그는 왕의 현실을 변화시키기 위해 힘든 시도를 하지만, 불행히도 왕은 허구를 현실로 끌어오기보다는 현실을 안고 허구로 뛰어들어버린다(결국 처선은 스스로 죽음을 택함으로서 놀이판을 끝낼 수밖에 없다).

조롱의 당사자가 되어 웃음에 대해 거리를 확보하지 못한 인물들도 있다. 왕과 함께 있는 놀이판에서 웃지 못한 대신들이다. 나의 추함은 나로부터 거리를 둔 자들에게는 조롱의 웃음을 제공하지만, 나 자신의 일일 때는 웃을 수 없는 것이다. 이들은 웃어야 할 순간에 웃지 못함으로써 결국 왕과의 싸움에서 치명적으로 불리한 입장에 서게 된다.「왕의 남자」는 웃는 자들의 웃음이 아니라 웃음의 대상이 된 자들의 두려움이라는 눈물을 통해 전복되는 현실을 보여준다.

|「여교수의 은밀한 매력」, 음험한 웃음의 슬픔　　|

인간은 웃을 줄 아는 유일한 동물이다. 웃기 위해서는 눈앞의 대상을 거리를 두고 바라보아야 한다. 어떤 일 자체가 슬프거나 우스운 것이라기보다는, 그것이 나로부터 얼마만큼의 거리에 있느냐가 웃음을 결정하는 것이다. 그래서 같은 일이라 해도 나에게 닥칠 수 있는 일이라 느껴지면서 연민이 일면 눈물이 나고, 반대로 남의 일처럼 강 건너 불구경하듯 바라볼 수 있으면 웃음이 나온다.

또한 코미디는 천천히 가속되는 감정이입보다는 단편적일지라도 주어진 장면의 희극성이 필요하기 때문에 언어의 유희에 민감하다. 슬픔이라는 보다 보편적인 정서에 기반을 둔 영화들에 비해, 코미디의 경우 흔히 한 나라에서의의 흥행이 다른 나라에서의 흥행으로 연결되지 못하는 것은 바로 이러한 특성 때문이다. 결국 울음과 비교할 때 웃음은 더 이기적이고, 더 순응적이며, 더 이데올로기적이다. 하지만 때로 웃음의 비틀기는, 재현된 대상에 대한 공감을 전제하기에 다분히 보수적인 울음과 달리, 전복적일 수 있다.

「넘버3」는 웃음이 갖는 다양한 요소를 잘 보여준 영화이다. 일류가 되고 싶은 삼류 깡패들의 삶은 관객들의 눈에 그 자체로, 그러니까 특별한 과장이 없이도 한 편의 코미디가 된다. 그래서 그들이 아무리 진지해도, 어쩌면 진지할수록, 더욱 우습다. 하지만 이들의 삶은 그저 관객들을 웃기는 데 그치지 않는다. 그것은 대한민국의 현실을 비틀어 담아내는 삶의 광경이기 때문이다. 넘버2가 되기 위해 넘버1에게 충성하고 또 다른 넘버2와 싸우는 넘버3를 보면서, 관객들은 웃는다. 그리고 동시에 생각하게 된다. 영화 속 인물들의 삶에 대해, 자기 자신의 삶에 대해, 그리고 이 세상의 수많은 넘버3들에 대해서 말이다.

「넘버3」의 성공 이후 유사한 형태의 영화들이 이어지면서 조폭은 우리나라 영화의 흥행코드로 자리 잡게 된다. 사실 조폭이라는 소재는 「대부」류의 마피아 영화나 「영웅본색」류의 홍콩 느와르가 증명하듯

영화가 즐겨 사용하는 소
재이다. 조명이 집중된 대
형 스크린에서 펼쳐지는
폭력의 장면은 관객의 무
의식 안에 억압된 폭력성
을 불러내며, 혹은 폭력에

스크린 위에 펼쳐지는 폭력은 관객의 무의식 안에 억압된 폭력성을 불러낸다

대한 두려움을 해소하는 카타르시스를 제공한다. 거기에 조직의 코드
까지 더해지면 의리 혹은 권력 싸움을 통해 비정한 현실과 그 안에서
의 비장함을 극적으로 드러낼 수 있기 때문이다.

　하지만 우리나라의 경우 「친구」 「달콤한 인생」 「비열한 거리」 등을
제외하면, 대부분의 조폭 영화는 코미디 장르를 선택했다. 그렇게 해
서 「신라의 달밤」 「조폭마누라」 「달마야 놀자」 「두사부일체」 「가문의
영광」 「목포는 항구다」 등 조폭 코미디 영화들이 이어졌지만, 이들은
양적 팽창에도 불구하고 「넘버3」가 보여주던 다층적 웃음의 힘을 되
찾지는 못했다.

　각기 전편인 「가문의 영광」과 「두사부일체」의 골격을 그대로 이은
「가문의 위기」와 「투사부일체」도 마찬가지다. 이 영화는 무엇보다도
지적이나 도덕적으로 열등한 인물들이 만들어내는 희극적 상황에서
편안한 웃음을 제공하면서 우리나라 코미디 영화 최고의 흥행을 기록
했다. 폭력이라는 무기를 지닌 주인공들의 어리숙함을 부각시킴으로
써 그 불일치에서 웃음이 유발되고, 더구나 사회의 주변부에 있는 이
른바 깡패들이 오히려 사회의 위선적 권위에 맞설 때 관객은 웃음의

대상이던 주인공들과 자신을 동일시하며, 그렇게 해서 영화의 웃음은 학벌 위주의 권력 사회에 대한, 혹은 학교와 사회에서 용인되는 불의에 대한 풍자로 확장되기도 한다.

「가문의 위기」의 경우 노골적인 성을 소재로 한 웃음도 덧붙여지지만, 그것은 전체적으로 '화장실 유머'에 가깝다. 차라리 주인공의 옛 애인이 교통사고를 당하는 장면에서 보이는 다분히 만화적인 웃음이 B급 감성의 유쾌함을 만들어낸다. 하지만 이 영화의 유쾌함은 오래 지속되지 못한다. 힘에 대한 풍자의 시선마저 점차 공권력의 장중함을 모방하면서 키치화되고, 결국 영화 전체가 정의의 승리를 기리는 법정 드라마의 모방이 된다.

이 점에서 영화 「여교수의 은밀한 매력」은 일그러진 웃음을 일관되게 이어간 블랙코미디이다. 이 영화의 주인공들은 태생적으로 어설프다. 대도시의 아류로서의 지방도시, 대학이라는 지식인 사회의 주류로 편입되기에는 부족한 만화과와 염색과라는 전공, 중앙 방송국이 아닌 지방 방송국……. 등장인물들이 클로즈업된 장면에서 슬그머니 끼어드는 오리 보트처럼 뒤뚱거리는 세상이 웃음의 배경을 이룬다.

그 안의 인물들은 모두 다 진지하게 말하고 행동한다(특히 여교수의 어조는 관객의 몰입을 방해할 정도로 작위적으로 진지하다). 사회를 말하고 환경을 지키려 하고 시를 낭송한다. 이들이 보여주는 진지함은 그 밑에서 팔랑거리는 이들의 본능과 엇박자를 이루며 그 어떤 웃음보다도 더 코믹하다. 여자의 과거를 용서하겠다고 외치는 남자의 울부짖음에서 흔히 보아오던 멜로적인 사랑의 호소보다는 암컷을 탐하는 수컷의 욕정이 느껴지는 순간, 관객은 웃을 수밖에 없다. 그 웃음은 당연히 씁쓸하다. 또 그 남자가 우스울 정도로 허망하게 목숨을 잃을 때, 그 죽음을 기리는 엄숙한 슬픔이 스크린에 깔릴 때, 선생님을 찾아온 순진한 아이들의 시선을 마주해야 할 때, 관객들은 다시 한 번 씁쓸한 웃음을 지을 수밖에 없다.

진지함 아래 가려진 노골적 욕망의 게임을 건조한 시선으로 그려낸 이 영화의 웃음은, 수컷과 암컷의 짝짓기 같은 성욕의 게임 그 자체보다는 그것을 가리느라 힘겹게 지탱되고 있는 베일의 일그러짐에서, 그 베일을 그려내는 리얼하고 음험한 시선에서 나온다. 그렇기 때문에 「여교수의 은밀한 매력」의 웃음은 무해(無害)한 웃음, 웃고 마는 웃음일 수가 없다.

이 영화의 웃음은 날이 선 칼을 쥔 유해(有害)한 웃음이며, 그 칼날은 뒤뚱거리는 사회를 찌르고, 다시 돌아와 그 사회의 일원인 관객의 가슴을 찌른다. 풍자의 대상을 지나 결국 관객 자신에게 돌아오는, 우리를 슬프게 만드는 웃음인 것이다.

형식적인 면에서 볼 때도, 몰입을 방해하기 위해 영화는 의도적으로 호흡을 자른다. 몇 군데 끈을 놓친 듯 지나치게 지체한 곳이 있고, 또 관객의 몰입을 방해하려는 장치들 중 거슬리는 것도 있지만, 결국 낯섦을 통해 이 영화가 그려내려 한 삶의 진실, 정확히는 삶의 진실의 부재는 나름대로 설득력이 있다. 거북한 영화이지만, 세상의 모든 속물들을 가려주는 판타지를 바라보는 음험한 웃음은, 그 웃음의 슬픔은, 이런 식으로밖에 그려질 수 없는지도 모른다.

「우아한 세계」 그리고 「밀양」, 잔혹함의 애가(哀歌)

익숙한 서사를 바탕으로 하는 대중영화는 때로는 눈물을 통해서, 또 때로는 웃음을 통해서 관객과 소통한다. 이러한 소통을 뒷받침하는 여러 가지 요소 중에서 이야기의 결말은 중요한 역할을 한다. 현실의 재현으로서의 영화가 가능한 세계를 보여준다고 할 때, 독자에게 전달되는 그 세계의 의미는 사건들이 어떻게 매듭지어지느냐에 따라 크게 영향을 받는다.

가장 안전한 결말은 어떤 식으로든 지금까지 이어온 사건들의 매듭을 짓는 것이다. 그것은 당연히 내적 설득력을 지닌 매듭이어야 한다. 다시 말하면 지금까지 진행된 이야기의 결말로 주인공을 괴롭히던 갈등이 해결되어 행복해진다든가 반대로 결국 패배하고 만다든가 하는 개연성이 있어야 하는 것이다. 예기치 않은 결말이라 할지라도 그 반전의 근거가 이야기 안에 숨어 있었던 것이라면 충격적 효과를 줄 수 있지만, 뜬금없는 '데우스 엑스 마키나(deus ex machina)'라면 관객을 허탈하게 만들 것이다.

그렇다면 매듭을 짓지 않고 끝내버리는 결말은? 흔히 '열린 결말'이라고 불리는 이러한 형식은 관객들에게 보다 넓은 의미 공간을 열어줄 수 있고, 하지만 그 모호성으로 인해 관객을 당혹스럽게 할 수도 있다. 어쨌든 영화의 결말은 그때까지 이어온 이야기의 내용과 맞물려 그 의미를 완성한다는 점에서, 때로 영화들이 보여주는 '끝나지 않는 끝'은 이야기된 사건들이 '끝날 수 없음'과 동의어가 된다.

「우아한 세계」라는 제목은 반어적 표현이다. 주인공이 살아가는 세계는 전혀 우아하지 않다. 오히려 뜻대로 되는 것이 하나도 없는 세상이다. 가족도 사회도 아무도 나를 알아주지 않는다. 심지어 몸이 아파서 찾아간 병원에서마저도 대수롭지 않은 대우를 받는다. 이 세계의 우아함은 바로 조폭이라는, 그리고 가장이라는 지위와 걸맞지 않은 주인공의 '존재감 없음'으로 지탱된다.

멋지게 성공하려고 발버둥 쳐도 언제나 그냥 뺏기고 만다. 지쳐서 발을 빼려고 해도 자꾸 끌려들어간다. 멋지게 복수하려 해도 무언가 발목을 잡아당긴다. 큰 맘 먹고 한판 붙으려 해도 사고로 그냥 끝나버린다. 까짓 것 멋지게 의리나 지키려 해도 그냥 죽어버린다.

꼭 주고 싶었던 집이지만 아무도 받지 않는 집에 혼자 남은 주인공이 새로 마련했을 멋진 가구들 앞에 앉아 라면을 먹는 것이 이 영화의 마지막 장면이다. 문득 화가 나서 냄비를 던지고, 하지만 이내 쏟아진 라면을 주섬주섬 주워 담고, 또 화가 나서 걸레를 던지고, 하지만 결국 다시 걸레를 손에 잡는다.

영화 내내 이어진 어정쩡한 결투와 어정쩡한 화해들의 축소판이라 할 수 있을 이 결말은 잔인하도록 무감한, 그래서 우아한 일상의 세계를 그려낸다. 아름다움, 치열함, 비장함, 이 모든 판타지가 사라진 곳에 슬며시 고개를 내미는 진실은 바로 특별히 시작하지도 끝나지도 않는 평범한 일상의 잔혹함이며, 주인공이나 관객이나 그런 세상을 살면서 크게 울 수도 웃을 수도 없는 잔혹함이다.

「밀양」의 세계 역시 그 누구와도 소통할 수 없는 닫힌 세계이다. 교통사고로 죽은 남편의 고향으로 이사 온 여자⋯⋯. 그녀는 무엇을 원한 걸까? 도망치고 싶은 것이 남편의 부재인지 오히려 인정하고 싶지 않은 남편의 외도인지, 찾고 싶은 것이 따뜻한 햇빛인지 그 햇빛을 가려줄 그늘인지, 모든 게 모호하다.

인물들도 마찬가지다. 이 영화에서 주인공 신애 외에 모든 인물은 흐릿하다. 언제나 가까이 있는 남자도, 심지어 신애가 애착을 드러내는 유일한 대상인 아들마저도, 밀양(密陽)의 '은밀한 빛'처럼 깊이 숨어 있을 뿐, 스크린 위에서 현실감을 드러내지 않는다.

신애는 아들을 살해한 범인을 힘겹게 용서했지만, 그는 이미 스스로 용서하고 마음의 평화를 누리고 있다. 결국, 이해할 수 없는 세상에서 그녀는 고통으로 울부짖는다.

「밀양」은 온전히 '고통'의 영화이다. '용서'는 그저 뇌관을 여는 불일 뿐, 타들어간 안쪽엔 고통이 있다. 설명할 수 없는 고통, 타인과 소통할 수 없는 고통 말이다. 그녀는 신(神) 안에 들어가 고통을 외면해보고, 신 밖으로 뛰쳐나와 고통으로 스스로를 파헤친다. 어차피 그 외에 다른 가능성은 없다.

마지막 장면, 병원에서 돌아와 스스로 머리를 자르는 신애는 과연 화단에 비친 희미한 햇빛과 화해할 수 있을까? 그녀는 거울을 들고 의자에 앉아 그저 햇빛과 나란히 있을 뿐이다. 관객도 그저 나란히 앉아 바라볼 뿐이다. 할리우드식 정제를 거부한 리얼리티의 단편들에 노출된 채 주인공의 고통과 소통할 방법이 없는 것이 관객의 몫으로 던져진 가장 큰 고통이다.

우리를 웃게 하는 것들

　　"웃음은 사악한 인간을 악마의 두려움에서 해방시킵니다. 왜? 바보의 잔치에서는 악마 또한 하찮은 바보로 나타날 테니까. (……) 이 책은 악마에 대한 두려움으로부터 스스로를 해방시키는 것을 '지혜'라고 부르고 있어요. 술로 목젖을 가르랑거리듯이 웃으면서 사악한 인간은 제가 주인이라도 된 듯이 뽐내는 법이죠. 왜? 취하면 스스로를 주인으로 여김으로써 그 주종관계를 역전시킬 수도 있는 것이니까."

　움베르토 에코의 소설 『장미의 이름』에 등장하는 호르헤 수도사의 말이다. 중세 수도원에서 연속적으로 발생하는 의문의 죽음을 그린 이 소설의 중심에는 아리스토텔레스의 『웃음론』이 있다.[1] 신성의 수호자

---

1 아리스토텔레스는 『시학』에서 비극에 관해 얘기하면서 희극에 대해선 나중에 따로 다루겠다고 말한다. 하지만 그의 희극론은 실체가 확인되지 않았다. 이러한 가상의 책을 둘러싼 수수께끼는 여러 추측과 더불어 작가들의 상상력을 자극하게 된다. 그 하나인 『장미의 이름』은 수도원 서가에 바로 그 책이 금서로 보관되어 있다는 설정에서 시작한다.

웃음은 생각하기 시작한 인간에게 부여된 특유
의 표현방식이다

인 호르헤 수도사가 서가에 보관된 이
책에 독을 묻혀놓은 것은 아무도 읽지
못하도록, 그래서 아무도 웃음을 알지
못하도록 하기 위해서이다. "웃기 시
작한다는 것은 생각하기 시작"하는 것
이며, 생각은 절대적 권위를 위협할 수
있는 부정적 요소이기 때문이다.

웃음은 정말 위험한가? 울음과 더불어 인간이 내면을 드러내는 원
초적인(혹은 언어화 이전의) 방식인 웃음은 울음에 비하면 분명 본능으로
부터 한발자국 더 멀리 나아가 있다. 동물도 울지만, 웃는 건 인간뿐이
지 않는가? 어떤 일이 자기의 존재를 건드릴 때 그 슬픔이 울음을 낳
는다면, 반대로 웃음은 눈앞의 광경에 대해 심리적 거리를 취할 때 가
능하다. 라 브뤼에르의 말대로 "삶이란 느끼는 자에게는 비극이고 생
각하는 자에게는 희극"인 것이다.

웃음은 결국 생각하기 시작한 인간에게 부여된 특유의 표현방식이
며, 따라서 웃음을 촉발하는 특성, 즉 희극성은 사회의 가치관에 밀접
하게 연결될 수밖에 없다. 삶이 변하면 당연히 희극성도 변한다. 1970
년대 「웃으면 복이 와요」에서 이제 2008년 「개콘」 「웃찾사」 「개그야」
의 차이는 20년의 시차를 훌쩍 넘어선다.

몸을 매개로 한 웃음, 즉 직접적으로(혹은 1차원적으로) 만들어지는 웃
음은 상황 자체의 희극성과 언어의 유희에 의존하는 2차원, 3차원의
웃음에 자리를 넘겨주었고, 한 걸음 더 나아가 희극적 상황을 지탱하

는 이야기 자체가 흔들리고 언어가 지탱하던 의미 자체가 흔들린다. 기존의 웃음을 지탱하던 중심들이 해체된 웃음, 포스트모던한 웃음의 시대가 온 것이다.

그래서 웃음을 만들어내기, 혹은 그에 호응하여 웃음으로 답하기는 점점 더 복잡하고 낯선 유희가 된다. 이런 점에서 「무한도전」이나 「1박2일」 같은 버라이어티 프로그램이 캐릭터화에 따른 개그를 통해 보다 손쉽게 웃음을 만들어낸다면, 본격 개그 프로그램들의 앞길은 더욱 험난해 보인다. 퍼포먼스식 공연으로의 변화 역시 약이 될 수도 있고 반대로 독이 될 수도 있다. 관객과 더 밀접하게 소통하지만, 그럼으로써 소통의 주기는 점점 더 짧아지기 때문이다.

| 웃음은 비웃음이다

우리는 일상과 다르게 일그러진 모습을 볼 때 웃는다. 걸어가다 괜히 넘어지는 사람, 이유 없이 과장된 표정을 짓는 사람, 바보처럼 멍청한 짓을 하는 사람, 서로 속이고 또 속아 넘어가는 사람…….
아리스토텔레스가 '무해한 저속함'이라 부른 이런 상황들은 보는 이에게 우월감을 불러일으키고, 안도감과 조롱의 쾌락이 섞인 웃음, 즉 비웃음을 자아낸다. '영구'로 대표되는 바보가 코미디의 주요 캐릭터인 것은 그 때문이다.

이러한 웃음은 주로 슬랩스틱 코미디를 통해 만들어진다. 우스꽝스러운 동작과 표정, 넘어지고 때리고 맞는 소란한 광경은 「웃으면 복이 와요」로 대표되는 전통 코미디 프로그램의 단골 메뉴였고, 여전히 멍청한 바보의 우스꽝스러운 모습, 뚱뚱하고 못생긴 몸은 희극성의 보루로 남아 있다. 베르그송의 말대로 영혼의 우월성 앞에서 우리의 관심을 몸으로 향하게 하는 모든 것은 희극적이다!

'코봉이'의 주인공은 현대판 영구이다. 순진한 어린애 같은 모습의 코봉이는 바보처럼 행동하고 매번 뚱뚱하고 힘센 여자친구 데이지(돼지?)에게 맞고 쓰러진다. 때로는 코로 멜로디언이나 리코더를 불기도 하고 코에서 꺼낸 것을 바로 입에 넣기도 하면서, 그야말로 몸으로 웃음을 끌어낸다.

'서울 나들이'의 웃음도 마찬가지다. 외관 자체에서 이미 촌스러움을 온몸으로 풍기는 두 남자, 브로콜리와 개미핥기가 서울에 와서 일자리를 찾는다. 이번에는 몸보다는 주로 언어를 통해 웃음이 만들어진다. 이들이 서울 사람과 얘기하면서 사용하는 어눌한 서울말은 사투리의 흔적을 그대로 담은 서울말, 보다 정확히는 매순간 서울말이 아님을 드러내는 서울말이기 때문이다. 또 일자리를 구하기 위해 같이 애쓰다가도 돌연 "개미 퍼먹어", "초장 퍼먹어"라며 서로 공격하는 어처구니없는 모습은, 미처 지방과 서울의 문제를 풍자하는 의미가 만들어질 틈도 없이, 언어화된 슬랩스틱을 만들어낸다.

조폭 코미디 영화가 그렇듯이 개그 속 깡패는 또 다른 변종 영구들이다. 영구가 그저 천진한 바보라면 이 변종 영구들은 스스로의 힘을 뽐내는 바보이고, 그래서 한 번 더 비틀린 웃음을 제공한다. 예를 들어

'비굴한 거리'에는 쌍칼을 찬 대장과 알록달록 유치한 옷을 입은 세 명의 부하가 등장한다. 이들은 깡패처럼 보이지 않으려고 애쓰지만, 그 노력 때문에 오히려 더 어리석은 깡패의 모습이 된다. 다른 패거리와 시비가 붙어도 그저 때리고 맞는 슬랩스틱적인 상황이 이어질 뿐이다.

'형님뉴스'에도 조폭이 등장한다. 이 코너는 실제 화제가 된 사건들(학교 급식사고에서 도지사의 호화 취임식, 심지어 햇볕정책까지)을 뉴스 형식으로 전하는 것을 기본 틀로 사회적 권위의 이면을 풍자하려 한다. 그러나 엄밀히 말해 그것은 현실풍자의 웃음이 아니다. 현실에 대한 언급은 배설의 쾌감을 주긴 하나 날카로운 풍자의 웃음과는 괴리되어 있고, 그래서 때로는 뜬금없이 느껴질 정도다.

'형님뉴스'의 웃음은 차라리 조폭들의 무식하고 우스꽝스러운 모습이 불러일으키는 우월감의 웃음이다. 웃음의 중심은 역시 현장에 나가 있는 행동대장과 형님의 대화이다. 이 충성스런 부하는 형님이 얼룩말을 보고 싶어 하자 백마의 털에다 브리지를 넣고, 형님이 우유 목욕을 하고 싶어 하자 젖소를 샤워기에 매달아버린다!

이 점에서 '골목대장 마빡이'는 일견 전통적인 바보 코미디로 복귀하는 듯하다. 이 코너의 웃음은 두 가지 축으로 이루어진다. 일차적으로 유치하고 단순한, 다분히 슬랩스틱적인 동작의 반복이다. 각기 인물마다 고유의 동작이 있고, 차례로 등장해서 자기의 동작을 이어간다. 중요한 것은 그것이 관객의 기대와 달리 끝없이 이어진다는 것이다. 끝나지 않아야 할 순간에 끊기는 것이 웃음을 일으키는 것과 마찬가지로, 끝나야 할 것이 끝나지 않는 것 역시 웃음을 일으킨다.

「골목대장 마빡이」는 웃기고 싶다는 욕망과 웃겨야 한다는 고민들을 드러낸다는 점에서 메타개그이다.

배우가 힘들어하면 할수록 웃음은 더욱 커진다. 바로 이 순간 이 '하드보일드' 개그에는 또 다른 층이 개입한다. 즉, 웃음 일으키기 자체에 대한 환기, 보다 정확히는 웃기고 싶다는 욕망과 웃겨야 한다는 고민을 노골적으로 드러내는 대사들이다.

허구가 만들어내는 자연스러움의 환상 혹은 위장을 벗어던짐으로써 관객을 보다 쉽게 무장해제시킬 때, 마빡이는 더 이상 바보가 아니다. 애처로울 정도로 힘겹게 동작을 이어가면서 "이 개그는 관객 중 한 명이라도 겁을 먹어야 끝난다"고 말하지 않는가. 얼빡이, 대빡이와의 대화도 마찬가지다. 힘드니까 빨리 말하라고 하고 이 개그 아이디어는 네가 낸 것 아니냐고 하고 다음 주부터는 이 코너에서 빠지고 싶다고도 한다. 마지막으로 등장한 '큰형님' 갈빡이는 단 한 마디로 이 메타개그를 끝내버린다. "이 개그는 이게 다야!"

| 웃음은 위반이다

남에게 해를 입히지 않으면서 자신의 우월성을 확인하는 웃음이 화해나 통합의 효과를 갖는 것은 그 웃음이 무대 위에서 웃기는 사람과 객석에서 웃는 사람 사이에서 그대로 소진되기 때문이다. 그와 달리 웃음이 무대 밖 현실세계로 확장될 때, 무대 위에서 웃기는 사람은 그저 관객의 웃음의 대상이 아니라 감정이입의 대상이 된다. 이것이 바로 풍자의 웃음이다.

풍자의 웃음은 현실원칙이나 지배 이데올로기를 뫼비우스의 띠처럼 비틀어 서로 다른 곡면에서 만나게 할 때, 현실을 일그러뜨려 새로운 현실의 가능성을 엿보게 할 때 나오는 웃음이다. '현대생활백수'를 보라. "직장은 있지만 월급이 없다"고 주장하는 백수가 자장면 값을 깎기 위해, 혹은 결혼식 축의금을 깎기 위해 막무가내로 떼를 쓸 때, 관객의 웃음은 바보의 멍청함을 바라볼 때의 웃음과 같을 수 없다. 무엇보다도 이 시대 젊은이들이 공감하는 '백수'의 함의가, 그들이 느끼는 자조와 분노가, 웃음 속에 배어들기 때문이다.

그렇게 해서 "대한민국에 안 되는 게 어디 있니?"라는 마지막 대사는 원하는 바를 얻어낸 만족감의 표현이라기보다는, 문제된 현상에 책임이 있는 더 큰 진짜 생떼(!)를 향해 현실적 혹은 잠재적 백수들이 던지는 비난이기도 하다.

풍자의 웃음에는 이렇듯 금기와 위반의 이데올로기가 개입되며, 그래서 억압으로부터의 해방이라는 기능을 갖는다. 웃음의 파장이 일반적인 통념에서 벗어나거나 은밀한 곳을 건드릴 때 눌려 있던 것이 터져 나오는 것이다. 따라서 가장 정치적인 웃음이 된다.

이 웃음이 유지되기 위해서는, 영화 「왕의 남자」가 보여주듯 언제나 아슬아슬한 줄타기를 해야 한다. 웃음을 통해 무대 위와 무대 밖 현실을 연결하는 끈이 어느 한쪽으로 치우치지 않고 팽팽한 긴장을 유지해야 하기 때문이다.

여성의 외모에 대한 사회적 통념을 뒤집으려 한 두 코너, '출산드라'와 '퀸카 만들기 대작전'을 비교해보자. '출산드라'의 주인공은 "이 세상의 마른 것들을 구하러 돌아온 뚱뚱교 교주"이다. 그녀는 당연히 뚱뚱하고, 확신에 찬 예언자적 목소리로 외친다. "날씬한 것들은 가라, 이제 곧 뚱뚱한 자들의 시대가 오리라. 먹어라, 네 시작은 비쩍 골았으나 끝은 비대하리라."

출산드라의 몸은 앞에서 말한 코봉이의 여자친구 데이지의 몸과 함의가 같을 수 없다. 날씬한 몸에 대한 숭배를 뒤집는 이 능청스런 개그는 "포도 시들하다고 포도즙 안 만들어 먹고 버리는 자"를, 혹은 "공기밥 추가한다고 돈을 받는 식당주인"을 벌하러 간다는 대목에서 절정을 이룬다.

하지만 지나치게 노골적으로 종교적 문맥을 환기하는 풍자는 때로 공격의 화살을 과녁에서 비껴가게 한다. 물론 날씬한 몸에 대한 사회적 애정이 광신적 숭배의 수준에 이르렀다는 점에서 이런 형식의 뒤집기가 나름의 설득력을 가질 수도 있지만, '차림표서 육계 3장 생선 2절'이나 '영계백숙'과 '고갈비'의 희생 정신을 예수의 죽음에 빗대는 부분에선, 보는 이의 종교적 신념 혹은 일반적 가치관을 건드리는 유해함의 함량이 웃음을 방해할 수도 있다. 심지어 찬송가를 개사한 "먹다 지쳐 잠이 들면 축복을 주리라"라는 노래에 이르면 날씬한 몸에 대한 당당한 저항이 주는 긴장이 완전히 끊어져버리고, 오히려 다시 뚱뚱한 몸에 대한 비웃음으로 돌아가버린다.

'퀸카 만들기 대작전'의 경우 무게중심은 무대 밖 현실보다는 차라리 무대 위의 즐거움 쪽으로 이동해 있다. 당연히 더 유쾌하지만, 그렇기 때문에 풍자의 힘은 약해질 수밖에 없다. 우월한 자들이 저급한 바보나 못난이를 놀리는 것이 웃음을 만들어내는 전형적인 상황이라면, 혹은 우월한 사람들을 저급하게 희화화함으로써 정상과 비정상의 경계를 전복시키는 것이 일반적인 풍자의 상황이라면, 이 코너의 웃음은 둘 사이를 오가고 있다.

인기 있는 퀸카가 되고 싶은 두 여자(이미 예쁘다!)가 못생긴 두 여자('플로리다에서 온 산드라'와 '몽골에서 온 르완다')에게 비법을 배운다는 것이 이 코너의 설정이다. 원색의 촌스러운 복장으로 추한 표정과 몸짓도 서슴지 않으면서 예쁜 여자들에게 "남자를 녹이는 노하우"를 전수하는 선생들의 당당함 혹은 뻔뻔함이 주는 희극성과, 못생긴 여자들이 발산하는 저급함의 과잉은 매번 조금씩 다른 함량으로 뒤섞여 있다.

한동안 인기를 끌었던 '사모님'을 보자. 1980년대에 '회장님 우리 회장님'이 당시의 감성에 부합되는 방식으로 권력에 대한 풍자를 시도한 것처럼, 이 코너 역시 최첨단 방식으로 힘을 희화화하면서 색다른 웃음을 선사한다. 그냥 아줌마가 아닌 사모님의 사회적 함의에 걸맞게 세상잡사에 초연한 듯 도도한 표정과 우수에 젖은 듯한 목소리의 사모님이 주인공이다.

사모님은 우아한 자태로 김 기사가 운전하는 자동차에 앉아 있지만 이내 본색을 드러낸다. 일본어 공부한다고 자랑하다가 어느새 졸고 있고, 제주도에 가면 시차 때문에 힘들겠다고 걱정하고, 회장님이 예쁜 반지를 문방구에서 사줬다고 자랑한다. 그러다 말문이 막히면 언제나 특유의 콧소리로 "운전해~"라고 말을 돌린다. 또 명품관에 가서 용접기를 구해오라든가, 포항제철에 가서 맨홀 뚜껑을 가져오라든가 하는 말도 안 되는 주문들을 쏟아낸다(용접기는 이빨을 고치기 위해서고 맨홀 뚜껑은 복권을 긁기 위해서다). 김 기사가 머뭇거리면 사모님은 역시 나른한 콧소리로 "어서~"라고 재촉한다.

사실 이 코너의 웃음은 상당 부분 내용 자체가 아니라 우아함과 무식함을 무표정하게 오가는 배우의 얼굴과 목소리에서 나온다고 할 수 있다. 이것은 이 코너 전체의 분위기와도 연결되는 것으로, 수다스럽고 산만한 대부분의 개그와 달리 조용한, 심지어 나른하기까지 한 분위기에서 색다른 웃음이 만들어지는 것이다.

| 웃음은 뒤집기다 |

웃음을 만들어내는 희극성이 몸으로부터 상황 자체의 희극성으로 이동하고 또한 언어의 유희가 첨가되면서, 웃음을 촉발하는 과정은 점점 더 복잡해진다. 이런 상황에서 탄생한 것이 바로 '반전 개그'이다.

여기서 반전이란 예기치 않은 변화가 관객의 기대를 순식간에 무너뜨리는 것을 말한다. 물론 전통적인 슬랩스틱 코미디에서 멀쩡히 걸어

가던 사람이 갑자기 넘어진다
든가, 심각한 상황에서 바보
같이 웃는다든가 하는 것도
기대와 다른 상황을 전개함으
로써 웃음을 유발한다는 점에
서 반전의 웃음으로 볼 수 있
지만, 이제 반전의 쾌감은 주

반전이란 예기치 않은 변화가 관객의 기대를 순식간에 무너뜨리
는 것을 말한다

변적 요소가 아니라 희극성의 핵심으로 등장했다.

예를 들면 '대화가 필요해'의 가족, 그러니까 대화 부족으로 끊임없이
어긋나는 가족이 오랜만에 같은 코드로 행동하고 대화하고 있다. 상황
설명 없이, 아버지는 단호한 목소리로 삭발 의지를 밝히고 아들은 망설
이며 아버지의 머리를 밀고 있다. 아버지의 목덜미가 훤하게 드러나기
시작할 때쯤 옆집 아줌마가 뛰어 들어오며 하는 말, "재건축 확정됐답니
다!" 일순간 이전의 모든 것을, 미처 설명되지 않은 것까지를 포함하여
전부를 한꺼번에 무(無)로 돌리는 것, 이것이 반전 개그의 핵심이다.

반전이 웃음을 자아내기 위해서는 무엇보다도 반전 이전의 긴장이
필요하다. 말하자면 흐름에 몰입한 주의력이 있어야 비로소 반전이 가
능한 것이다. '고음불가'가 부르는 정상적인 소리, 아름다운 소리는 모
두 비정상적 저음으로의 반전을 위해 존재하지 않는가. 앞선 긴장이
담고 있는 기대를 뒤집는 반전은 그렇게 해서 그저 우스꽝스러운 모습
을 바라볼 때의 웃음에 비해 순간적으로 강한 웃음을 낳게 된다.

"주먹 하나로 전국 고등학교를 재패했다"며 허세를 부리던 '고교천

왕'의 불량학생들을 보자. 선도부장이 나타나서 "너 뭐야?"라고 묻는 순간 그들은, 물론 여전히 험상궂은 얼굴로, 그리고 굵고 강한 목소리로, "그냥 사람인데요!"라고 대답한다. '형님뉴스'에서도 거친 듯 과묵하게 서 있던 조폭이 형님이 주는 사탕을 딸기 맛으로 달라고 하고, 애처럼 군다는 핀잔을 듣자 화를 내며 떠나겠다고 한다. 드디어 걸음을 옮길 때, 아동용 신발에서 나는 삑삑이 소리! 기대를 한순간에 뒤집어버리는 반전은 즐거운 웃음을 촉발한다.

때로 반전이 제공하는 웃음은 관객이 살아가는 현실의 의미와 연결되면서 풍자의 의미를 띨 수도 있다. '대화가 필요해'의 아버지가 늦잠을 자고 일어난 아들을 꾸짖는다. 학교 늦겠다는 말에 아들이 "오늘은 놀토"라고 대답할 때, 이 가족의 식탁은 현실 속에서 실제 대화가 필요한 수많은 가족들의 식탁을 환기하게 된다. 하지만 대부분의 경우 반전 개그들은 그저 뒤집기의 쾌감을 즐길 뿐이다. 말하자면 의미와 무관한, 그저 즐거운 유희인 것이다.

반전이 만드는 쾌감은 반전의 폭이 클수록 당연히 커진다. 하지만 이해력이나 감성의 측면에서 관객의 역량을 벗어날 정도로 폭이 크다면 오히려 당혹스러움을 낳게 될 것이다. 코봉이의 예쁘고 조신한 선생님이 돌변해서 추는 '콩팥춤'은 유쾌한 반전의 웃음과 기이한 추함을 바라보는 당혹스러움 사이에 걸쳐 있다.

본격적인 반전 개그의 시작을 알렸던 '언행일치'를 보자. 이 코너에는 특별한 줄거리도 없고 당연히 말하고자 하는 메시지도 없다. 말과 행동이 일치해야 한다는 '언행일치'를 가훈으로 가진 집, 시험기간인

딸을 걱정하면서 부모가 시끄럽게 '맞장'을 뜬다. 속상해서 우는 딸을 부모가 달래자 딸이 하는 말, "엄마, 아빠, 발도 써~." 택배로 온 물건을 다 뜯어서 휘젓고 나서 "우리 꺼 아닌데요"라고 한다든지, 부인의 옷을 집어던지고 나서 "섹시하구만"이라고 하고, 생일 선물을 내동댕이치고 나서 "예쁘다"라고 하는 식이다.

이러한 두서없는 뒤집기에 더하여 역시 의미 없는 춤으로 무대는 더욱 산만해진다. 닭을 보는 것 같은 "후랴후랴~"춤과 운전을 하는 듯한 "사사~" 춤을 보면서 지금 저 춤이 어떤 의미를 갖는지 생각할 필요는 없다. 그 어떤 행동도 상황 안에서 의미를 갖지 않으며, 다른 행동들과 선후관계나 인과관계를 갖지 않는다. 그저 뒤의 것은 앞의 것을 뒤집을 뿐이다. 관객의 기대를 끊임없이 뒤집는 이 유희 속에 자신을 내맡긴 관객은, 가만히 있어도 저절로 돌아가는 놀이기구를 탄 것처럼, 즐겁고 유쾌하다.

'이건 아니잖아'는 아예 반전의 유희를 퀴즈로 즐긴다. 어제 처녀귀신을 봤다고 하니까 친구가 하는 말? 여러 가지 답을 상상할 수 있다. 정답은, "이쁘냐?"이다. 이럴 순 없다고 내가 대답한 말, "코 (수술)한 것 같던데……." 다이빙을 잘한다고 아버지가 지어주신 이름은? 심청이. 성격이 화끈하다고 지어주신 이름은? 김불닭. 심지어 컴퓨터를 잘하라고 지어주신 이름은? 이팔육. 질문과 대답은 이런 식으로 이어진다. 마지막으로, 태어날 때부터 '웃찾사'를 좋아하라고 아버지가 지어주신 이름은? 바로 '개콘'이다!

| 웃음은 유희다 |

　　　　이제 개그는 그야말로 다양한, 때로 이질적인 요소들을 혼합해서 웃음을 만들어내는 중이다. 여러 가지 방식의 웃음이 총망라되어 있는 '나몰라 패밀리'를 보자.

　삼인조 힙합 팀 중에서 가장 작고 모자라 보이는 바보킴은 이름 그대로 전통적인 바보의 역할이지만, 나머지 두 사람이 만들어놓은 것을 뒤집는 반전의 역할을 담당한다. 자기들의 음악이 엉터리라는 소리를 듣고서 앞의 두 사람이 차례로 화를 내며 "랩 하는 이유 있지" "힙합 하는 이유 있지"라고 말하면, 마지막으로 "뭐였지?"라고 묻는 식이다. 또 앞의 두 사람이 "김희선 찼지" "김태희 만나지"라고 자랑하면 제일 뒤에서 "약 먹자!"라고 말한다. 독특한 리듬과 곡조, 그리고 비음 섞인 특유의 목소리 때문에 매번 반복되는 세 음절의 대답은 단순한 반전의 쾌감을 넘어서게 된다.

　또 다른 인물인 산체스는 해외파라는 소개와 달리 영어라고는 "오예~!"와 "왓?"밖에 하지 않는다. 알아듣지도 못한다. 심지어 "서프라이즈"란 말을 여러 번 되풀이해도 "왓? 왓?"만을 되풀이하다가, 그야말로 토속적(!)으로 "시껍했다구!"라고 말하면 비로소 "오예~"라고 대답한다.

　이 외에도, 다른 코너에 대한 거침없는 패러디가 더해지고, 또 각기 다른 개성을 발산하는 세 사람이 함께 추는 춤도 눈을 즐겁게 한다. 산체스가 중심이 된 일명 배 내밀기 춤은 이전에 '화상고'의 사마귀

권법이나 리마리오의 더듬이 춤이 그랬듯이, 슬랩스틱적인 우스꽝스러운 몸을 넘어 나름대로 아름다운 몸을 바라보는 일종의 미적 쾌감을 제공한다.

요즘 인기를 끌고 있는 '바라바라' 역시 이 시대의 개그가 즐겨 사용하는 다양한 웃음의 코드를 잘 보여준다. 이 코너의 웃음을 지탱하는 첫 번째 축은 패러디이다. 사실 패러디는 「하얀 옥탑」 「요상한 가족」 「비굴한 거리」 등 개그 코너의 이름 자체가 말해주듯 희극성의 새로운 강자로 떠올랐다. 더구나 한 코너 안에서도 매 장면마다 어디로 튈지 알 수 없는 패러디가 기다리고 있다. 때로는 카트라이더 게임의 상황을 가져오고 또 때로는 다른 코너의 유행어를 그대로 인용하고, 여러 문맥을 정신없이 이동하는 첨단 개그들의 흐름을 따라가기 위해선 문화적 공감대를 공유해야만 할 정도이다.

예를 들어 '사모님'에서 한강에서 괴물을 잡아오라는 사모님의 주문에 김 기사는 양궁 선수의 자세를 취한다. 이 장면은 상황의 희극성이나 사모님이 좋아하는 몸의 '각도'에서 나오는 시각적 희극성으로는 다 이해할 수 없고, 영화 「괴물」의 문맥으로 연결시켜야 비로소 웃을 수 있다.

'바라바라'의 경우 영화 「친구」의 한 장면을 패러디하는 데서 출발한다. 부산 사투리, 고등학교 교실, 폭력적인 교사와 반항적인 학생들, 장의사와 건달이라는 부모의 직업……. 여기서 개그는 인용된 상황을 뒤집는다. 잘생긴 학생의 이름이 유오성이고, 못생긴 학생의 이름이 장동건이 아닌가. 하지만 이 코너의 희극성을 완성하는 것은 끊임없이 상대방의 연기에 대해서 말하고 있는 일종의 메타 개그이다.

'마빡이'가 몸의 학대라는 슬랩스틱적 요소에 웃기기 위한 노력이라는 메타 개그를 결합한 것처럼, '바라바라'의 인물들은 서로 연기가 나아지지 않는다고, 개그한 지 몇 년이나 됐냐고, 네 개그는 웃음이 아니라 감동을 준다고 말한다. 즉흥적인 대사를 주고받는 도중 스스로 웃음이 터지려고 하면 너까지 무너지면 안 된다고 소리치기도 하고, 관객에게 반응이 너무 약하다고 말하기도 한다. 즉, 이 코너의 웃음은 만들어진 웃음의 내용뿐 아니라 웃음을 만드는 상황 자체에 대한 환기를 통해 완성되는 것이다.

이제 어느 한 가지 코드로는 웃음을 줄 수 없을 정도로 삶이 복잡해졌고, 새로움이 익숙함으로 바뀌는 속도도 너무 빨라졌다. 그래서 웃음을 만들어내는 사람들이 그것이 너무 어려움을 보여줌으로써 관객들을 웃게 만들어야 할 정도로, 웃음은 점점 힘겨워지고 그래서 점점 더 자극적이 되었다. 웃기기도 힘들고 웃기도 힘들다.

정신없이 뒤집어서 어느 것이 앞이고 어느 것이 뒤인지를 알 수 없는 상태, 무언가를 끊임없이 인용하지만 기의와 연관 없는 기표들 사이를 미끄러지듯 이동함으로써 마치 롤러코스터를 탄 듯한 상태, 이것이 바로 포스트모던한 웃음이 제공하는 쾌락이다. 하지만 동시에 그 쾌락 안에는 거침없이 연결된 이질적인 것들이 흩어지지 않도록 지탱해주는 반복이 들어 있다. 많은 개그 코너들이 단순한 유행어의 반복을 넘어 매회 동일한 구조를 반복하는 것은 그 때문이다.

처음에는 어떤 순간에 왜 웃어야 하는지 알 수 없고 낯설며 어렵지만, 일단 웃음의 코드를 공유하고 나면 쉬워진다. 웃음은 그야말로 코드를 공유하는 자들끼리 즐기는 익숙하고 폐쇄적인 유희가 된 것이다. 일단 그 안에 들어서면, 뭐가 우스운지 생각할 필요 없이 그냥 웃으면 된다. '별을 쏘다'의 죄민수처럼, "아무 이유 없어!"라고 말하면서 말이다.

유치해 보이는 TV 개그의 웃음은 사회가 요구하는 것에 짓눌린 현실, 하지만 불확실한 전망이 지배하는 고단한 현실을 살아가는 사람들에게 일종의 '쮸쮸바'처럼 유아기적 퇴행의 쾌락과 편안함을 제공하는 것이다. 어쩌랴! 퇴행적 웃음의 쾌락은 호모 루덴스(Homo ludens)들의 실존 조건인지도 모른다.

4장

소비자본주의에서
산다는 것

Homo dramacus

Homo

dramacus

키치가 욕망하는 것들

| 스타일의 부재 혹은 스타일의 과잉 |

흔히 포스트모던 시대를 이미지의 시대, 시각적인 것의 물질성이 비대해진 시대라고 말한다. 이미지가 환기하고자 하는 내용보다 이미지 자체의 쾌감이 중요해진 것이다.

도처에서 기의와 분리된 기표의 현란한 아름다움이 우리를 유혹하고, 그렇게 은밀한 자극을 쏟아내는 이미지의 홍수에 길들여진 우리에게 시각적 조화를 무시한 노골적인 이미지들은 거북하고 당혹스럽다.

팔려는 물건의 실체가 모호할 정도로 세련된 이미지의 쾌락으로 가득찬 광고와, 상품 하나하나의 형상과 가격을 원색적으로 드러낸 대형 마트의 전단지를 비교해보라. 거리로 나가면 앞 다투어 자기를 드러내기 위해 원색의 시각적 절규를 내뿜는 간판들도 마찬가지이다. 그것은 메시지 전달에 급급하여 스타일이 존재하지 않는 이미지, 그래서 조악

'드러내기'를 위해 스타일이 희생된 광고

한 이미지인 '키치(kitsch)'이다.

키치는 조화를 깨뜨리는 과장된 스타일, 스타일의 과잉으로도 나타난다. 불당(佛堂)을 떠나 '가든'이라 불리는 도심 고기집의 정원을 장식하는 석등이나 변두리 뷔페에서 흔히 볼 수 있는 바로크 혹은 로코코 스타일의 의자처럼, 잔뜩 꾸며져 있지만 주변과 어울리지 못하는 조악한 장식이 대표적이다.

이러한 키치적 외관은 도시 안에서 쉽게 볼 수 있다. 중세 유럽의 고성(古城) 혹은 르네상스 풍 궁전의 모습으로 여기저기 솟아 있는 웨딩홀을 보라. 사라진 계급인 '고귀한 핏줄'을 외관의 모방을 통해 되살리려는 향수일까. 과거를 환기하는 이국취향의 장식들, 뾰족한 첨탑이나 돔 지붕은 자본주의 안에서 물화된 욕망들을 쏟아내고 있다. 무엇보다도 도시는 삶의 현장이며 또 살아온 삶의 흔적이라고 할 때, 삶의 현실에 녹아들지 못한 스타일의 과잉은 거북하고 우스꽝스럽다.

동해 어느 바닷가 절벽 위에 올라선 유람선 모양의 호텔을 본 적이 있는가? 강변이나 국도변에서 비행기나 배 모양의 레스토랑들이 감상적 서정을 분출하는 장면이야 익히 보아온 터이지만, 해안 절벽 위에 우뚝 솟은 거대한 배의 모습은 기이하기 이를 데 없다. 그것은, 포식의 향연이 벌어지는 도시 한가운데 위치한 숯불갈비 집에서 애처롭게 돌아가는 물레방아처럼, 있어야 할 곳이 아닌 곳에 뜬금없이 자리 잡고 있으며, 더구나 지나치게 과시적인 모습으로 존재를 들이밀고 있다. 그래서 그것은 코믹한 동시에 폭력적인 모습으로 다가온다.

흔히 조악함, 속됨을 뜻하는 말로 간주되는 키치의 어원에는 여러 가지 설이 있으나, 일반적으로 19세기 말 독일에서 쓰이기 시작한 것으로 간주된다.

시민사회의 성립과 함께 새로운 문화 수혜자로 등장한 부르주아 계층을 위해 급조된 그림들을 키치라 부르기 시작했다는 데서 알 수 있듯이, 키치는 고급문화를 모방하여 찍어낸 가짜라는 의미를 담고 있다.

베르사유, 샹보르, 와이키키, 라스베가스……. 세계적 명소를 총망라한 대한민국 러브호텔들의 이름을 보라. '유럽특별시'를 내세운 어느 아파트 분양 광고를 보면, 진입로에는 '신전의 장엄함을 그대로 살린' 파르테논 신전 모양의 문이 서 있고, 트레비 샘, 로마노 분수, 오벨리스크 가든이라고 이름 붙여진 단지 내 쉼터들엔 그 모형물이 서 있다. 그리스와 로마와 이집트가 역사를 가로질러 정답게 어울리는 대한민국 아파트가 탄생하는 것이다.

결국 키치는 모종의 목적(대부분 상업적 목적)을 위해 예술적 혹은 문화적 함의를 거칠게 사용한 저급함의 동의어이며, 따라서 그것은 문화적인 화장이다. 완벽한 위장이 되기를 원하지만 빤히 들여다보여서 낯부끄러운 값싼 화장 말이다.

자신이 어울리는 자리가 아닌 곳에 놓여서, 더구나 그곳에 놓여 있음을 가능한 한 과시하는 키치는 내적인 부조화를 숨기기 위해서 화려할 수밖에 없다. 쉽게 시드는 생화에 비해 반영구적인 생명력을 자랑

특별한 날을 위해 희생을 감수하는 성대함 역시 키치이다

하는 조화가 보다 원색적으로 화려하고, 부패하기 쉬운 원목 대신 콘크리트로 만든 나무 무늬의 벤치가 더욱 풍부한 시각적 질감을 제공하지 않는가.

삶의 현실과 유리된 생뚱맞은 화려함은 장소나 사물에만 있는 게 아니다. 키치는 분명 우리의 정신 속에도 있다. 특별한 날엔 특별하게 보내야 한다는 비장하리만큼 강한 강박관념, 다시 말해 특별한 날을 치러내기 위해 정신적·물질적 희생을 감수하는 모든 성대함은 말하자면 하찮은 일상을 어설프게 가리는 싸구려 장식 같은 것이다.

그래서 웨딩홀은 동화 속 궁전 같은 모습으로 특별한 날 단 하루만이라도 왕자와 공주가 되라고 유혹한다. 흰색의 웨딩드레스로 순결을 부르짖고, 예단과 혼수로 가문의 뼈대를 과시하고, 하객의 수로 성대한 인간관계를 위장하는 결혼식의 장소는 그래서 그토록 화려할 수밖에 없다.

| 아우라의 옷자락에 매달리다 |

키치는 진짜의 존재, 즉 모방의 대상으로서의 원본이 갖는 아우라를 통해 의미를 갖는다. 그런데 무언가를 모방한다는 것은 두 가지 사실을 전제한다. 그 무언가가 내 것이 아니라는 사실, 하지만 여전히 그것을 가지고 싶다는 사실 말이다. 진짜를 가지지 못한다면 가짜라도 가져야 하는 것이다. 키치는 결국 자기 능력으로 가질 수 없는 것에 대해 포기하지 못한 욕망의 기호가 된다.

사실 폐쇄적인 계층사회에서는 개인의 행동양식이 그 자체로 규제되기 때문에 모방의 욕망이 상당 부분 원천 봉쇄된다. 자신의 취향을 주위 사람들과 분리시키고 또 과시하는 것은 사회적으로 부여된 권한을 가진 자들의 전유물이다. 그에 비하면 더이상 혈통에 의해 계층이 전승되지 않는 사회에서는 부(富)의 계층화를 통한 새로운 구별 짓기가 생겨나며, 자본주의가 발달할수록 그것은 더욱 치열한 사회적 욕망이 된다. 소비는 이제 자신이 속한 사회계층을 드러내는 양식이 되었으며, 더 나아가 속하고자 하는 계층에 귀속되리라는 갈망 혹은 환상의 표현이 된 것이다.

그래서 상류층은 명품을 찾는다. 명품이 가치를 갖는 것은 아름답기 때문이 아니라 희귀하기 때문이다. 사실 아름다움의 기준 자체가 사회적이지 않은가. 향신료가 귀하던 시절 유럽의 귀족들은 부의 과시를 위해 후추를 덩어리째 먹기도 했고, 많은 백성이 기아에 허덕이던 시절엔 풍만한 몸이 아름다운 몸이었던 것을 생각해보면 된다. 보드리야르의 말대로 키치는 사회적 지위 이동의 가능성과 함께 존재하는 것이다.

이처럼 명품의 소비를 통해 계급을 과시하는 것이 불가능한 사람들에게 주어진 것이 바로 키치의 허영을 통한 대리만족이다. 가짜인 줄 알지만 진짜를 닮은 것을 통해 취향의 환상을 얻는 것이고, 더 정확히 말하자

면 가진 것 같은 대리만족을 넘어 가진 척하는 과시가 일어난다. 짝퉁은 진품인 줄 알고 속아서 사는 것이 아니라 가짜인 줄 알면서 사는 것이다!

더구나 키치는 명품과 마찬가지로 누군가가 보아주어야만 온전한 가치를 띠게 된다. 가짜라는 점에서 키치는 기만적이며, 가짜라는 것을 알면서 과시한다는 점에서 자기 기만적이다.

명품이라 불리는 것도 문맥에 따라 언제든 키치가 될 수 있다

하지만 흔히 명품이라 불리는 것도 문맥에 따라 언제든 키치가 될 수 있다. 사물의 최종적 의미는 그것이 사용되는 문맥을 통해 부여되기 때문이다. 제대로 듣지 않는 클래식음악 CD로 가득 채워진 장식장처럼 명품이 과시만을 목적으로 사용된다면 그것은 키치적 허영일 뿐이다.

키치는 우리에게 손쉬운 감상적 만족을 제공한다. 현실 속에 내재하는 긴장을 고의로 잊게 하는 위안 말이다. 이 점에서 대중들의 손쉬운 만족을 추구하는 대중문화 전체가 키치적이라고 말할 수 있다. 드라마 속에선 일 년 열두 달 내내 운명적인 사랑이 이어지고, 코미디는 기발한 웃음을 쏟아내며, 대중가요에는 신나는 흥과 애잔한 서정이 흘러넘치지 않는가.

월드컵 열기가 몰고 가던 애국심도 마찬가지다. 국가 간의 무역 전쟁이라 할 수 있는 FTA에 대해선 무관심하면서 '태극전사'들의 전쟁을 보기 위해 밤을 새우며 열광하는 것은, 적어도 애국심의 측면에선

가짜일 뿐이다. 이러한 감상적 만족은 결국 가짜에의 도취이자 허영심의 충족이며, 언제든 문화산업론이 말하는 대중문화의 순응성을 낳을 수 있다. 키치가 제공하는 단편적 위안들이 현실을 바라보는 근본적 성실성을 가려버린다면, 아우라의 옷자락에 매달리는 판타지가 리얼리티를 덮어버린다면, 직시해야 할 모순에 대한 분노와 저항이 설 자리를 잃기 때문이다.

결국 아우라의 권위를 모방한다는 것은 곧 아우라의 권위를 인정하는 것이라는 점에서, 가지고 싶지만 가질 수 없는 것을 다루는 가장 손쉬운 방식인 키치는 또한 가장 보수적인 방식이기도 하다.

| B급 감성의 유쾌함

이쯤에서 묻게 된다. 과시라는 사회적 욕망만이 남은 명품이 키치와 맞닿는 것이라면, 모방이라는 사회적 욕망이 지워진 키치는 무엇인가? 가짜라는 것을 알고 즐기는 키치는 어떤 의미를 갖는가? 아우라를 모방하는 위로 향한 욕망이 아니라, 아우라를 끌어내리는 아래로의 욕망을 담은 키치를 여전히 키치라고 부를 수 있는가?

사실 키치 예술이 갖는 가장 큰 힘은 대중의 감수성과 직접 맞닿아 있다는 것이다. 그것은 고귀함의 권위로 무장했지만 바로 그 이유 때문에 삶의 현실과 유리된 채 박제되어버린 고급예술이 차지한 자리와 정반대이다.

키치는 예술적 가치 이전에 사람들이 꿈꾸는
소박한 이상향을 담고 있다

예를 들어 속칭 이발소 그림을 보자. 단골 메뉴로 등장하던 돼지, 장독대는 바로 대중들의 삶이 가장 필요로 하는 다산(多産)과 풍요의 상징이며, 그것은 예술적 가치 이전에 힘겨운 일상을 살아가는 사람들이 꿈꾸는 소박한 이상향을 담고 있는 것이다.

마찬가지로 사랑을 잃고 세상이 무너질 것처럼 슬픈 날, 아무리 아도르노가 말한 '의사(疑似) 개별화'의 상투성을 고려한다 해도, 훌륭한 예술영화나 고전음악보다는 슬픈 멜로 영화나 애절한 발라드가 가슴에 더 깊이 와 닿지 않는가. 택시 운전석에 걸린 기도하는 아이의 그림이 어떤 예술적 의미를 갖는지는 중요하지 않다. 그림 속의 아이는 아버지가 '오늘도 무사히' 돌아오기를 바라는 가족들의 소망을 전하고 있을 뿐이다.

키치는 때로 일상적인 규범이 갖는 근엄함을 넘어서는 유쾌한 일탈을 선사하기도 한다. 권위적이고 상투적인 품위에 딴죽을 걸며 상스러운 언어를 즐기는 『딴지일보』는 한 연예인의 성형 논란을 소개하며 이렇게 말을 꺼낸다.

"(……) 그녀가 덧니를 갈았건 턱을 갈았건 그게 나와 무슨 상관인가 싶어도, 연예인의 성형 여부는 실인즉 대중에게 쥬시후레쉬 껌 버금가는 유구한 전통의 이빨훈련 도구다. 왜? 기획실 미스 최의 광대뼈가, 전지현이나 이영애의 광대뼈와는, 그 사회정치적 위상에서 결코 평등

할 수 없기 때문이다. 해서 어디어디 고쳤음을 고해성사하는 연예인 분덜에게는 그 솔직함을 칭찬하는 미담이 답지하지만, 끝까지 쌩까시는 분덜, 그리고 고치기 전이 더 좋아 보이는 분덜에게는 조롱이나 비난을 넘어 분노다발 탑재된 강력한 어택이 작렬하는 바 (……) 사람들에게 물었다. 연예인 성형과 대중의 왕짜증, 우예 보시나."

어떤가, 이 노골적임이 유쾌하지 않은가. 더욱 중요한 것은, 이어지는 글들에서 알 수 있듯이 권위를 거부하는 키치, 스스로가 키치임을 내세우고 즐기는 이러한 키치가 우리 삶에 포진한 여러 현상들의 살아 있는 속내를 드러내줄 수 있다는 것이다.

B급 감성은 이렇게 해서 때로 주류가 가질 수 없는 자유를 누리게 된다. B급 영화가 오히려 다양한 시도와 실험정신의 자리가 되었던 것과 마찬가지다. 수전 손택의 말대로, 고급문화가 "향수 적신 손수건을 코에 틀어박고 걸핏하면 실신"한다면, 캠프(camp)[1]는 "악취를 들이마시면서 자신의 막강한 비위를 뽐내기" 때문이다. 속칭 '거지 패션'이라 불리는 그런지(grunge) 스타일이 단정함의 결핍 혹은 궁핍의 징표가 아니라 자유로운 스타일 추구가 될 수 있는 것처럼(물론 이러한 개인의 스타

---

1 수전 손택(Susan Sontag)은 "캠프에 대한 단상", 『해석에 반대한다』(이후, 2002)에서 창조적 감수성을 세 가지로 나눈다. 첫째, 고급문화의 고상한 스타일의 엄숙함으로, 도덕주의를 기저로 한 가장 일반적인 감수성이다. 둘째, 고뇌와 잔혹함 그리고 광기라는 특징을 지닌 엄숙함으로(사드, 카프카, 아르토 등), 도덕적 열정과 심미적 열정 사이의 긴장 관계에서 힘을 얻는 아방가르드적 감수성이다. 세 번째 감수성인 캠프는 엄숙함에 반대하며 철저히 탐미적이다. 캠프는 '진지한 것'과 새롭고도 복잡한 관계를 맺고, 하찮은 것에 진지할 수 있으며, 경건한 것을 사소하게 여길 수 있다. 캠프가 제시하는 희극적 세계관은 신랄한 희극이 아니라 몰입하지 않음, 초연함의 경험이다.

일 추구는 자본의 이윤 추구와 언제나 아슬아슬한 줄타기를 하고 있다), 복제품에 대한 거부감을 뛰어넘은 시대에 키치는 아우라와 어깨를 나란히 한다!

　요즈음 선풍적인 인기를 끌고 있는「무한도전」역시 같은 맥락에서 이해될 수 있다. 사실 이 프로그램의 인기는 개그 프로그램이 제공하는 웃음의 카타르시스와 리얼리티 쇼가 제공하는 관음적 쾌락이라는 두 가지 요소가 교묘하게 결합된 결과이다. 다시 말하면, 한편으로는 보는 사람으로 하여금 우월감을 누리면서 즐겁게 웃을 수 있게 하고, 다른 한편으로는 확실한 캐릭터화에 성공한 인물들이 엮어나가는 실제 상황을 지켜보게 하는 것이다.

　하지만 여러 장르가 혼합된「무한도전」의 유쾌함은 이것만으로는 다 설명되지 않는다. 이 프로그램의 인기는 '무한 이기주의'를 내세우는 여섯 인물이 벌이는 황당한 도전 자체에서 나오는 것이다. 다시 말하면, 호이징하의 말대로 호모 루덴스들이 즐기는 놀이가 본질적으로 경쟁-경기라고 할 때,「무한도전」은 놀이, 특히 경쟁으로서의 진지한 도전에 날리는 경쾌하고 발칙한 도전이 된다.

　도전의 목표는 맨손으로 야자 따먹기, 목욕탕에서 때 밀기처럼 기발하며 동시에 황당하다. 하지만 이들은 치열하게, 때로는 비겁한 수단을 동원하면서까지 승리에 집착한다. 도전에서 이긴 자, 즉 놀이-경쟁의 인정투쟁에서 승리한 자에게 주어지는 보상 또한 발칙하고 경쾌하다(바나나 한 개, 물 한 사발……).

　뛰어난 능력을 갖춘 전사(戰士)도 없고 전리품으로 주어질 대가도 시시하지만, 이들은 나름대로 게임의 규칙을 지키면서 무모한 도전을 힘겹게 그러나 유쾌하게 이어가는 것이다. 이 점에서 살벌한 힘과 권위를 풍기는 '특전사' 틈에서 쩔쩔매던 '병영 체험'은 아쉽게도 「무한도전」의 매력을 스스로 부정하는 셈이다.

사실 도전은 대상이 너무 쉽거나 어렵지 않아야 비로소 그 결과의 불확실성을 통해 도전의 재미가 생겨난다. 하지만 사실상 정글의 논리가 지배하는 현실에서의 도전은 이미 승부가 정해져 있을 때가 많다. 예를 들어 '삼팔선', '사오정'과의 싸움을 마주해야 하는 시청자들에게 현실의 경쟁은 더 이상 놀이가 될 수 없으며, 그렇기 때문에 시청자들은 「무한도전」의 세상, 삶이 놀이가 되고 놀이가 삶이 되는 세상, 꼴찌도 그 과정으로 인해 아름다울 수 있는 세상에 은밀하게 공감하게 되는 것이다.

그들의 놀이, 기이하게 진지하지만 어처구니없는 도전을 바라보면서 시청자들은 현실 속에서 짊어지고 가야 하는 경쟁의 논리를, 제대로 진지하고 엄숙하며 그래서 살벌한 무한경쟁의 논리를 비틀면서 낄낄거린다.

키치의 에로티즘

흔히, '키치는 쓰레기다'라고 말한다. 쓰레기란 쓸모가 없는, 다시 말해서 의미를 갖지 않는 사물이나 존재를 가리킨다. 하지만 때로는 그 의미 없음에서 생겨나는 전도된 의미가 우리에게 매력적

패러디는 때로 모방의 욕망을 조롱한다

으로 다가온다. '질식할 것 같은' 아우라를 흐리며 틈새를 열기 때문이다.

결국 문제는 키치를 통해 드러나는 세계관의 미학적이고 사회학적인 특성일 것이다. 쓰레기가 스스로를 쓰레기 아니라고 주장하면 천박한 로맨스가 되지만, 쓰레기임을 고백하면 진지한 아이러니가 되는 것도 같은 이치다.

예를 들어 인터넷이라는 무기를 등에 업고 바야흐로 전성시대를 누리고 있는 패러디는 공식적이고 억압적인 것에 대해 비공식적이고 비틀린 방식으로 대응하는 대표적인 방식이다. 특히 잘 된 패러디는 일견 어울리지 않아 보이는 것의 결합이 절묘하게 현실과 맞물릴 때 탄생한다. 그중에서도 한동안 화제가 됐던 명품 패러디 티셔츠는 상당히 기발한 착상을 보여준다. 진짜가 아니지만 얼핏 진짜처럼 보이는 가짜를 가짜인 줄 알면서 소비하는 것이 짝퉁이라면, 패러디 티셔츠는 가짜임을 드러내며 즐기는 짝퉁이다. 모방의 욕망이 희화화하는 웃음으로 대체된 것이다.

그 압권은 역시 자전거 타는 남자를 수레 끄는 남자로 바꾸고 '빈폴(Bean Pole)'을 '빈곤(Bean Gone)'으로 바꾼 패러디이다. 말 그대로 빈곤한 삶의 무게에 짓눌린 듯한 남자의 보이지 않는 시선은 명품을 추구하는 사람들을 야유하며, 명품을 갖지 못해서 짝퉁을 원하는 사람들을 조롱하고, 동시에 보는 이의 시선을 명품의 그늘에서 살아가는 사람들 쪽으로 은근슬쩍 옮겨놓는다.

20세기 중반 팝아트(Pop Art)는 기존의 정제된 예술에 반발하며 "키치가 바로 이 시대의 일상적 예술이다"라고 주장했다. 브릴로 박스, 코카콜라 병, 캠벨 통조림 캔…… 풍요로운 시대 어디에서나 눈에 띄는 사물들을 예술의 소재로 삼아 기존의 고급문화가 금과옥조로 여기던 원본의 권위를 흔들어버린 것이다.

물론 뒤샹의 변기가 '샘'이 된다고 해서 모든 변기가 샘이 되는 것은 아니다. 일상 속의 변기들은 그냥 변기일 뿐이다. 하지만 중요한 것은 모든 변기가 잠재적인 샘이 될 수 있다는 가능성이다. 그 잠재성이 이미 샘이 되어버린 변기의 권위에 종속된다면, 새로운 샘은 모두 키치가 되겠지만 말이다.

어쨌든 키치의 의미는 원본의 의미를 따라가거나 비틀 수밖에 없고, 그래서 창조적인 의미생성의 공간이 좁을 수밖에 없다. 그렇게 만들어진 새로운 의미는 그래서 더 낯설고 때로 충격적이다. 키치가 한편으로 편안하면서도 다른 한편으로 거북한 것은 그 때문이다.

하지만 그렇기 때문에 키치는 에로틱하다. 금기를 설정하고 그 금기를 의도적으로 위반하는 것이 에로티즘이라면, 키치의 에로티즘은 몰입하기보다는 그저 즐기는 것, 말하자면 욕정을 불러일으키지 않는 포르노의 에로티즘 같은 것이다. 키치가 스스로 키치임을 내세울 때, 바라보는 이는 야릇한 모욕감을 느낀다. 그리고 그 모욕감은 기이한 관능으로 바뀐다.

백민석의 『목화밭 엽기전』은 대표적인 키치 소설이다. 엘리트 계층이라 할 수 있는 주인공들이(부부의 '작업실'에는 고전영화 비디오와 책이 가득 쌓여 있다!) 사람을 납치해 포르노를 찍고 시신을 암매장하는 엽기적인 장면들을 역시 기이하리만큼 뻔뻔한 화자의 목소리로 전달하는 이 소설은 문학이라면 응당 보여주어야 한다고 생각되는 어떤 세계, 그러니까 우리가 살 만한 세계를 의도적으로 모독한다.

이것은 문학에 대한 비틀기이며, 세계에 대한 비틀기이다. 그 낯섦에 이끌려 숨죽이며 엿보던 독자들은 이내 뒤틀린 장면들을 따라가기가, 더 정확히는 때론 놀이하듯 또 때론 귀찮은 일을 해내듯 이야기를 뒤트는 엽기적인 손을 쳐다보기가 거북해진다. 하지만 결국엔 모든 도덕적 판단을 배제한 채 문학과 세계의 위장을 까발리는 노골적인 폭력 앞에 무방비 상태로 놓이게 된다.

키치적 감성을 대표하는 영화 「지구를 지켜라」도 비슷하다. 코미디가 중심이 되면서도 호러, 멜로, 액션이 뒤엉킨 이 영화에는 테디베어의 따스함과 해골 인형의 엽기가, 진지함과 기이함이 공존한다.

외계인의 공격으로부터 지구를 지켜야 한다는 사명감에 불타는 주인공 병구의 과도한 진지함, 연인인 순이의 내면과 외관 사이의 야릇한 삐그덕거림, 마치 곡마단의 공연 같은 두 사람의 순정……. 모든 것은, 도저히 진지할 수 없는 엽기적 상황에서 그럴수록 더욱 진지한 만화 『이나중 탁구부』의 인물들처럼, 우리에게 낯선 웃음을 불러낸다.

더구나 외계인을 무력화시키는 무기가 물파스와 때밀이 수건이라는 데에까지 이르면 그 뻔뻔함이 당혹스럽기까지 하다. 그런 당혹스러운 뻔뻔함은 중간 중간 뜬금없이 끼어드는 잔혹함을 그려낼 때도 흔들리지 않는다.

지구를 지키는 영웅의 이야기도, 연인을 위해 목숨을 던지는 사랑의 이야기도, 금기를 건드리는 잔혹함의 이야기도, 모든 게 정신없이 뒤틀려 있다. 더구나 그렇게 뒤틀린 채, 뒤틀리지 않은 이야기들 사이에, 아무렇지도 않게, 더 정확히 말하면 뻔뻔하게 끼어들어 있다.

이런 상황에서 처음부터 끝까지 종잡을 수 없이 쏟아지는 기이한 시선을 따라가는 것, 기이한 코믹에 쉽게 웃지 못하면서 웃는 것, 영화가 들이미는 스타일의 도발적인 과잉을 즐기는 것, 혹시 가능하다면 그 안에서 의미를 찾는 것은 관객의 몫이다. 영화의 작품성에 대한 평가가 극과 극을 달리는 것은 그 때문이다.

나는 소비한다, 고로 존재한다

장면 하나. 작년부터 쓰고 있는 휴대폰이 1년 만에 구형이 됐다. 새 기종으로 업데이트해야겠다. 이번엔 어떤 것으로 할까? 사실 새 모델들은 제작사가 달라도 모양과 기능은 엇비슷하다. 머릿속에선 어느새 광고 장면들이 떠오른다. 짧은 치마를 입고 춤추는 예쁜 김태희, 고층빌딩 옥상 위에서 노래하는 애니밴드, 혹은 얌전하고 촌스러운 얼굴로 거침없이 몸을 흔드는 생쇼걸……

장면 둘. 경쾌한 음악이 흐르는 대형할인매장 안. 사람들이 쇼핑 수레를 밀면서 산보하듯 서성거린다. 진열대마다 가득 쌓인 물건들이 선택을 기다리고 있다. 고를 수 있다는 건 짜릿한 즐거움이다. 물건을 하나 집어 수레 안에 옮겨놓기만 하면, 그 손동작 하나로 나는 그 물건의 주인이 된다.

장면 셋. 늦은 밤 편의점에서 핸드폰이 충전되길 기다리며 커피를 마신다. MP3에서 음악이 흘러나오고, 창밖 가로등에 비친 도시 풍경이 눈에 들어온다. 세븐일레븐, 로손, 바이더웨이, 패밀리마트, 미니스톱……. 이름 자체에서 모던함이 풍겨 나오는 이곳에서 나는 24시간 내내 자유롭다.

장면 넷. 집에 혼자 있다. 평화 혹은 공허가 밀려온다. 자동적으로 리모컨에 손이 간다. 운 좋게 아는 드라마가 방영되는 시간이라면 모를까, 이미 시작된 세계에 도중에 끼어드는 건 귀찮다. 하지만 홈쇼핑은 다르다. 언제나 현재이고, 그래서 언제나 나를 환영한다. 나는 아주 부드럽게 그 안으로 빠져든다.

"아빠 힘내세요" 혹은 "아빠 돈 내세요"

호모 콘수무스(homo consumus), 소비하는 인간. 소비자본주의 시대의 신인류를 지칭하는 표현이다. 소비의 사전적 정의는 '인간의 욕구를 충족시키기 위해 필요한 물건을 구매하는 일'이다. 목마른 사람은 물을 사 먹고, 배고픈 사람은 밥을 사 먹는다. 이 점에서 소비는 노동과 함께 인간의 생존을 구성하는 중요한 기둥이다.

일반적으로 소비자들은 합리적인 경제행위를 추구하기 때문에 최소 비용으로 최대 효과를 얻으려 한다는 것이 소비의 기본원칙이다. 그들은 '보이지 않는 손'이라고 일컬어지는 시장원리 아래에서 생산자와 만난다. 그러나 이러한 일차적 의미의 합리적 소비가 언제나 유효한 것은 아니다.

이제 개인은 소비를 통해 자신의 물질적 부를 표현함으로 써 신분을 과시하려 한다

생산보다는 소비가 화두가 된 소비자본주의 시대에, 소비는 단순히 필요한 재화 그리고 경제학적으로 유리한 재화를 구매하는 행위에 머물지 않는다. 최대 효과 자체에 정서적이고 사회심리학적인 요인이 개입하면서, 이제 소비는 개인이 세계와 만나는 다분히 심리적인 방법이 되어버린 것이다. 가격이 높아질수록 소비가 증가하는 베블렌 효과(veblen effect)가 말해주듯, 소비자본주의의 화두는 이제 과소비가 아니라 과시소비로 넘어간 것이다.

과시소비의 중심에는 신분의 논리가 있다. 신분의 논리는 유용성의 논리, 나아가 시장의 논리로 설명되지 않는 것들을 설명해준다. 혈통으로 이어지던 폐쇄적 계층사회는 소비행위에 대해 계급에 근거한 제한을 부여했다. 먼 옛날 부족사회에서 수장들만이 걸칠 수 있었던 장신구에서부터, 제아무리 권문세가의 정승이라도 아흔아홉 칸을 넘을 수 없던 집이 좋은 예이다. 인도의 한 지방에선 하층계급의 여인들은 긴치마를 입을 수도, 머리에 꽃 장식을 할 수도 없었다고 한다.

권력을 가진 자는 힘을 통해 자기의 취향을 주위 사람들과 분리시킴으로써 경외감을 강요하고, 그렇게 자기 취향을 과시함으로써 잠재적 경쟁자들을 통제한 것이다.

가시적 신분제가 사라진 현대사회에서도 이러한 신분의 논리는 여전히 유효하다. 이제 개인은 소비를 통해 자신의 물질적 부를 표현함으로써 신분을 과시하려 한다. 문제는 혈통이 보장하는 신분에 비해 부에 의한 신분은 덜 견고하다는 것이다.

자본주의 시대의 신분 과시욕이 호모 콘수무스를 만들어냈다면, 그 이면에는 또한 자본주의 자체의 작동원리가 움직이고 있다.

자본주의가 일구어낸 산업화는 무엇보다도 생산의 극대화를 향해 돌진했다. 많이 만들고, 많이 팔아야 한다. 경제를 살리는 것은 절약이 아니라 건전한 소비가 아닌가! 하지만 어차피 필요량과 무관하게 생산된 것이므로 쉬운 일은 아니다.

역사적으로 보자면 초기 산업화는 그렇게 해서 제국주의를 낳았다. 원료도 싸게 가져오고 싼 인건비로 만들어서 다시 비싸게 팔 수 있으니, 식민지만큼 매혹적인 것은 없었을 것이다(내가 하면 가공무역이고, 남이 하면 수탈이다!).

하지만 그 다음 단계로 접어들면서 이제 끊임없이 돌아가는 기계에서 쏟아져 나오는 제품들을 팔기 위해서는 필요성과 무관한, 가격과 무관한 욕망을 만들어내는 것이 가장 효과적인 방법이 된다. 따라서 생산자–판매자의 전략은 제품 자체보다는 제품에 부가되어 소비자의 욕망을 만들어내는 요소에 집중될 수밖에 없다.

이것이 보드리야르가 말하는 '기호가치'이다. 사람들은 제품을 소비한다고 생각하지만, 정작 소비되는 것은 제품에 부여된 이미지라는 것이다. 예를 들어 승용차는 이제 편리하고 안전하게 다른 장소로 이동하기 위한 도구이기 이전에 부(富)의 상징이다. 소비자들은 '매그너스'와 함께 파리의 왕자 박신양의 이미지를, '젠트라'와 함께 세련되고 젠틀한 남자 다니엘 헤니의 이미지를 사는 것이다.

그래서 '자본주의의 꽃'이라고 불리는 광고들은 요즈음 때로는 노골적으로 '대한민국 1퍼센트'를 외치기도 하고, 대부분은 은밀하게 제품에 달라붙을 이미지들을 생산해내고 있다. 그렇게 TV는 온통 소비를 누리는 안온한 부르주아지의 삶을 떠안기느라 여념이 없다. 냉장고에 들어 있는 '부르고뉴 산 달팽이'를 즐기는 고상한 취향을 과시하기도 하고, '힐 스테이트' 아파트 안에서 경제적 풍요뿐 아니라 인간적 가치를 같이 즐기자고 권하며, 부르고뉴 달팽이보다는 순대를 즐길 사람들에게는 "부자 되세요~"라고 격려도 해준다.

죽으면서 최소한 '10억'은 남겨야 하고, 그래서 죽어서도 자식을 공부시키고 유학 보내야 하는 '푸르덴셜 아버지'들은 TV 앞에서 아이들의 노래를 들으며 기운을 낸다. "아빠, 힘내세요! 우리가 있잖아요~!" 하지만 아빠가 힘이 없는 이유는 끝없이 갱신되는 가족들의 욕망을 충족시킬 소비를 보장할 수 없기 때문이다. 아이들은 병아리 같은 입을 오물거리며 외치듯 노래한다. "아빠, 돈 내세요! 우리가 있잖아요~!"

| 대형할인매장, 소비의 쾌락을 위하여 |

시장은 소비가 이루어지는 공간이다. 물론 시장원리라는 말에서 보듯 소비와 생산의 만남 자체를 의미하기도 하지만, 구체적으로 그러한 만남이 이루어지는 공간을 시장이라고 지칭한다. 더 좁은 의미로는 전통적인 소비 공간으로서의 시장, 흔히 '재래'라는 접두어를 달고 다니는 곳을 말한다.

사실 시장은 산업화, 도시화 이전부터 존재하던 가장 원초적인 소비 공간이다. 인간의 사회적 삶과 함께 시작되었고, 그러한 자발성의 흔적이 여전히 간직된 공간이다. 그래서 시장은 삶의 활기, 집단의 역동성을 드러내는 상징이기도 했다. 시장은 무엇보다도 상인과 소비자가 일대일로 만나는 공간이며, 필요한 물건에 따라 다른 가게로 옮겨가 다른 사람과 거래해야 하는 독자적 공간들의 집합이다.

근대화와 함께 등장한 백화점은 이러한 시장에 커다란 타격을 가한다. '百貨店'이라는 명칭 그대로 백 가지 물건이 한데 모인 공간이기에, 그곳에 가면 동시에 모든 것을 살 수 있고, 더구나 쾌적하고 편리하다. 백화점은 또한 화려한 품격의 공간이다. 에스컬레이터를 타고 오르며 주위를 둘러보라. 언제나 여유와 안온함이 흐르지 않는가.

무엇보다도 백화점은 자본주의적 풍요를 상징하는 공간이다. 그 안에 들어서는 순간 우리는 저절로 그 풍요에 동참하게 된다. 쇼핑 도중 바깥의 현실이 개입하는 것을 막기 위해 창문이 없고, 시간의 흐름을 깨닫지 못하도록 시계가 없는 것은 바로 그 때문이다. 백화점과 함께 우리는 은밀한 소비의 쾌락 속으로 발을 들여놓게 된다.

대형할인매장은 백화점의 이러한 매력에 최저가의 신화라는 또 다른 매력을 결합한다. 그렇기 때문에 중소 사업자들에게는 사실상 백화점보다 더 힘겨운 골리앗이다. 가장 싸게 판다는 것은 거부하기 어려운 매력임이 분명하다. 하지만 거대자본을 바탕으로 한 대형할인매장들이 구축한 최저가의 신화에는 폭력이 어른거린다.

이 물건을 우리보다 더 싸게 파는 곳이 있다면 몇 배를 보상해주겠다는 자신만만한 태도는 과연 납품업자들에게 똑같은 물건을 다른 회사에 더 싼 가격으로 납품하지 말라는 강요 없이도 가능한 것일까? 대형 할인마트가 어떤 물건을 지나치게(!) 싸게 파는 깜짝 이벤트를 벌일 때, 그로 인한 이윤의 감소는 과연 누가 감당하는 것일까? 굳이 대형할인매장이 들어서는 곳마다 몰락하는 주변 상권 문제를 언급하지 않더라도, 그 안에서도 거대자본에 눌려 '울며 겨자를 먹는' 사람들의 눈물이 흘러내리고 있다. 대형할인매장의 가격 신화는 힘의 논리에 입각한 자본주의의 폭력을 가리는 가면인 것이다.

대형할인매장은 알뜰함의 상징으로만 머물지 않는다. 그것은 또한 현대성, 도시성의 상징이기도 하다. 밝은 조명이 환하게 비추는 곳, 언제나 듣기 좋은 음악이 흐르고, 일정한 온도와 습도가 유지되는 쾌적한 공간이 아닌가. 또한 대량 구매를 기본으로 하기에 자동차를 필요로 하는 공간이며, 필요할 때마다 구매하기보다는 바쁜 일상 속에서 계획을 세워 찾아오는 공간, 어린아이도 수레에 태워 편하게 이동할 수 있는 공간, 남자들을 장보기로 불러낸 공간, 한마디로 현대적 삶의 소비 공간이다.

하지만 가장 중요한 것은 역시 그 안에서 누리는 풍요의 환상과 소비의 쾌락일 것이다. 백화점과 마찬가지로 창문과 시계가 없이 외부와 단절된 거대한 소비상자인 대형할인매장 안에는 온갖 상품들이 즐비하게 늘어선 채 나의 선택을 기다린다. 내가 원하기만 하면 언제든 내

것이 될 수 있는 것이다!

조명과 음악마저 나의 상태를 배려하여 세밀하게 조정되어 있다(명절 때처럼 주부들의 마음이 급하고 스트레스가 심한 시간, 혹은 하루 중 가장 느슨해지는 시간, 이런 차이가 매장 내의 음악 선정에 영향을 끼친다는 건 잘 알려진 사실이다). 진열대 위의 물건들이 나를 부른다. 백화점의 진열대가 가격 때문이든 판매 방식 때문이든 소비자와의 사이에 어느 정도 심리적 거리를 설정하는 것과 달리, 대형할인매장의 진열대는 소비자에게 훨씬 가까이 파고든다. 더구나 구매행위를 위해 번거롭게 매장 직원을 접할 필요가 없는 익명의 공간이다.

쇼핑 수레가 있어서 구매한 물건을 들고 다닐 필요도 없다. 무게감이 없기에 지불해야 할 비용의 무게감도 일단 정지된다. 시장이나 백화점처럼 매번 지불해야 한다면 소비행위가 정기적으로 현실에 뿌리를 내리겠지만, 대형할인매장의 경우 계산은 나중에, 그러니까 마지막에 단 한 번, 외부와의 유일한 통로인 계산대에서 찾아온다. 다시 말하면 풍요의 환상을 누린 대가가 너무 늦게, 돌이키기 힘든 상태로 찾아오는 것이다.

│ 편의점, 24시간 소비상자   │

편의점은 대형할인매장이 갖는 시간의 한계를 극복한 소비 공간이다. 물론 대형할인매장들 역시 초창기와 달리 개장시간을

편의점은 알라딘 마술램프 같은 24시간 소비상자다

점차 늘려가고 있지만, 그래도 늦은 밤에서 새벽까지는 소비가 정지되는 시간이 아닌가. 편의점은 바로 이 공백을 점령해버린 것이다.

이제 우리는 무언가 필요해지면 언제든 밖으로 나가서 살 수 있게 되었다. 더구나 운 좋게 가까운 곳에 산다면 모를까, 차를 타고 움직여야 하는 대형할인매장과 달리, 편의점은 동네 구석구석까지 파고들어 와 있다.

편의점의 매력은 시공간적 입지 조건에 그치지 않는다. 편의점 안은 상대적으로 좁은 면적이지만 모든 게 다 갖추어져 있다. 옛날에 구멍가게라고 부르던 동네 슈퍼에서 볼 수 있는 기본적인 식품과 생필품 외에도 신문과 잡지 같은 문화용품, 편지봉투와 볼펜 같은 문구용품, 김밥과 샌드위치 같은 간식거리까지 있다. 일회용 휴지부터 양주까지, 손톱깎이부터 콘돔까지, 그야말로 모든 게 다 있다. 편의점은 다양한 라이프스타일로 살아가는 사람들에게 지극히 유용한 소비 공간이 된 것이다.

더구나 편의점은 소비의 공간에 머물지 않는다. 택배를 부칠 수도 있고, 현금인출기에서 돈을 찾을 수도 있다. 핸드폰을 충전할 수도 있고, 때로는 DVD를 대여할 수도 있으며, 심지어 기차표 자동판매기가 설치된 곳도 있다. 그리고 언제나 한구석엔 간식을 즐기거나 커피를 마실 수 있는 공간도 마련되어 있다. 또한 그곳엔 모든 제품이 철저히 개인을 위한 소비 패턴에 맞추어 준비되어 있다. 김치도 일회용 포장이며, 더구나 일인용의 일회용이다.

이러한 특성은 최종적으로 공간의 익명성으로 마무리된다. 계산대를 지키는 사람은 주인이 아니라 아르바이트생일 때가 많고, 그들은 사람이 바뀌어도 언제나 똑같은 유니폼을 입고 똑같은 태도로 손님을 맞이한다. 매일 매일의 희로애락을 담은 동네 슈퍼 주인들과 달리 훨씬 기계적이고, 그래서 훨씬 예측 가능하다.

"어서오세요", "○○원입니다", "○○원 받았습니다"와 같이 이어지는 거의 균일화된 멘트들은 백화점 개장 세리머니의 그 거북한 과잉 친절과 외관은 비슷해 보이지만 효과는 상당히 다르다. 편의점은 익명성의 차가움과 예측 가능성의 친근함이, 풍부와 간결이, 밖으로의 확산과 개인으로의 단절이 공존하는 포스트모던한 공간이다.

이제 알라딘의 마술램프 같은 24시간 소비 상자 안에서 우리는 하루 24시간 모두 자유로운가? 어쩌면 소비가 정지하는 시간의 소멸은 24시간 작동되는 욕망을 의미하며, 어쩌면 결국 24시간 내내 포기하지 못한다는 것을 의미하는 게 아닐까? 언제나 우리를 기다리는 곳이 있기에 내일까지 기다리지 않아도 되는 것, 이것은 우리를 조금도 기다리지 못하는 존재로 만들어버리는 게 아닐까? 하루 종일 손에서 놓지 못하는 휴대폰처럼 말이다. TV도 똑같다. 다채널 방송 시대, 24시간 흘러나오는 수많은 영상들은 사람들을 TV 앞에 붙잡아둔다.

없으면 안 할 것을 있어서 하는 것, 그것은 행복인가 불행인가, 우리는 잉여의 부분에 대해 주인인가 노예인가……. 심지어 지하철 안에서도 우리의 눈은 객차 안에 매달린 작은 화면으로부터 자유롭지 못하다. 볼 권리를 위한 투쟁보다 보지 않을 권리를 위한 투쟁은 더욱 힘겹다.

홈쇼핑, 욕망을 소비하다

홈쇼핑과 인터넷쇼핑은 소비가 이루어지는 현실적 공간이 존재하지 않는 시장이다. 다시 말하면 소비를 촉발하는 것이 물건 그 자체가 아니라 물건의 이미지라는 뜻이다. 대리 존재하는 이미지가 소비자의 구매행위를 끌어내는 것이다.

익명의 대중들의 손이 닿은 곳에 언제나 넉넉하게 배포되어 있는 홈쇼핑 카탈로그, 인터넷 사이트에서 깜빡거리는 수많은 배너들……. 실재(實在)로부터 떨어져 나와 떠도는 이미지들이 모든 전략을 동원하여 우리를 유혹한다. 물론 제품소개 문구는 "실제 제품은 이미지와 다를 수 있습니다"라고 환기하는 것을 잊지 않지만, 우리는 이미 실재보다 더 아름다운 이미지에 쉽게 매혹되어 버린다.

예를 들어 옷이란 입는 사람의 체형이나 피부색과 어울릴 때 아름답다고 할 때, 멋진 모델들이 입고 가장 아름다운 포즈로 보여주는 옷은 실제 내가 입는 옷과 같을 수 없다. 식료품을 팔아야 하는 경우도 마찬가지다. 대형할인매장이라면 시식코너를 만들어 유혹하겠지만, 이미지로 팔아야 하는 홈쇼핑은 '맛있다'와 언제나 일치하지는 않는 '맛있어

보인다'를 만들어내야만
한다. 때로 맛없는 것을,
심지어 먹을 수 없는 것을
첨가해서라도 맛있어 보이
는 이미지를 얻어낼 수 있
는 것이다.

홈쇼핑은 이미지를 통해 소비를 촉발한다

일반 홈쇼핑이나 인터넷 쇼핑에 비해 TV 홈쇼핑은 이미지의 유혹
에 덧붙여 구매를 유도하는 전략이 보다 지속적이고 적극적이다. 일단
양적인 측면에서도 비교가 되지 않는다. 전용 채널에서는 구매를 유혹
하는 쇼핑 호스트의 목소리가 하루 종일 흘러나온다.

쇼핑 호스트라는 신종 직업의 일차적인 역할은 제품을 설명하는 것
이지만 그 설명은 구매를 유도하기 위한 수단일 뿐이다. 무엇보다도 소
비자가 결단을 내리게 만들어야 한다. 광고는 마치 주문과도 같고, 그
주문이 기다리는 것은 단 하나, 소비자가 그 물건을 사게 하는 것이다.

따라서 오늘뿐이라는, 선착순 한정이라는, 혹은 지금이 마지막이라
는 절박함을 불어넣는 것은 상당히 효과적이다. "매진 임박입니다. 이
번 기회를 놓치시면 이 가격으로 다시 만날 수 없습니다. 마지막 기회
입니다. 5분 남았습니다." 하지만 그 5분 후는 무한정 연기된다. 그리
고 절박함은 집요하게 반복된다. 일상의 이야기는 보통 한번 마무리되
면 다른 곳으로 넘어가지만, 홈쇼핑 채널에서는 그렇지 않다. 매번 다
시 시작하고, 끊임없이 반복된다. 조금 전에 이제 얼마 남지 않았습니
다, 라고 했지만, 곧 그것을 말한 사람도 잊고 듣는 사람도 잊는다. 매

번 모두가 함께 절박한 현재를 사는 것이다.

결국 TV 앞에 앉은 시청자는 지치지 않는 거대한 판매 기계 앞에 노출되어 있는 셈이다. 현실의 필요성과 무관하게 욕망을 만들어내는 기계 말이다. 미디어가 만들어내는 욕망을 자기 스스로의 욕망으로 착각함으로써, 이제 인간이 소비의 주체가 아니라 소비가 인간의 주인이 된다. 그래서 TV 홈쇼핑과 함께 중독을 얘기하게 된다.

르네 지라르의 말대로 인간의 욕망이 본질적으로 타인에 의해 촉발되고 강화되는 것이라면, 욕망을 촉발하는 타인의 흔적마저 희미해져버린 지금은 길 잃은 욕망들이 망령처럼 떠돌아다닌다. 매개된 욕망일지언정 욕망이 소비를 불러오는 것이 아니라, 이제 욕망이 소비의 대상이 된 것이다. 무엇인가를 사지 않으면 살고 있다는 느낌을 갖지 못한다. 살기 위해서 사는 것이 아니라 사기 위해서 살아가는 것이다. 이쯤 되면, 소비는 하나의 종교가 되고 하루 종일 곳곳에서 지름신이 강림한다. 사라, 그러면 행복할 것이다!

당신들의 웰빙

| 믿을 건 '내 몸' 뿐이다

웰빙, 말 그대로 '잘 산다'는 뜻이다. 그동안 잘못 살아왔다는 뜻일까, 그야말로 도처에 웰빙이 넘쳐나고 있다. 웰빙 식단, 웰빙 디자인, 웰빙 가전, 웰빙 인테리어, 웰빙 건축……. 심지어 얼굴이 갖는 전체적 이미지와의 조화를 중시하는 덜 인위적(!)인 성형을 웰빙 성형이라고 부르기도 한다.

원래 웰빙은 산업화와 함께 경제적 효율성을 중시하던 삶이 오히려 인간의 삶의 질(質)을 저하시킨다는 반성에서 시작되었다. 특히 건강과 직결된 음식이 그 중심에 있었다. 간편하게 준비해서 빨리 먹을 수 있고 더구나 값이 싸다는 매력을 갖춘 패스트푸드와 대조적인 슬로푸드가 대표적이다.

잘 살기 위해, 잘 살 수 있는 시간과 돈을 위해 정신없이 나아가던

근대화의 상징이던 패스트푸드는 이제 슬로
푸드에 자리를 내주었다

시절에 근대화의 상징이던 패스트푸드가 진정으로 잘 살기 위해서는 버려야 하는 정크푸드(junkfood)의 대명사가 되었고, 오히려 가난과 궁핍의 상징이던 꽁보리밥과 된장찌개가 최고의 자리에 등극하게 되었다.

이러한 변화는 식단의 변화를 넘어 라이프스타일의 변화로 확장되고, 이제 웰빙은 육체와 정신의 건강을 통해 행복을 추구하는 삶의 방식 전반을 지칭하게 되었다.

우리나라에서 웰빙이 급속도로 확산된 요인은 여러 가지가 있겠지만, 1980년대 후반 IMF가 촉발한 변화들이 상당히 큰 영향을 미친 것은 분명하다. IMF는 단순히 경제적 어려움의 시기가 아니라 근대적 가치관이 위기에 빠진 시기이기도 하며, 이 점에서 웰빙 열풍은 삶의 기반을 이루던 가치들이 갑자기 무너지면서 발생한 아노미의 산물이라고 할 수 있을 것이다.

개인의 삶을 상당 부분 희생해가며 양적인 팽창을 추구해온 세대에게 있어 어느 날 갑자기 다가온 추락은 큰 충격일 수밖에 없었으리라. 더구나 사회적 안전망 없이 곤두박질하는 모습은 그동안 추구해온 삶의 가치를 불신하게 만들었을 것이다. 살아남은 자들의 위기감은 여전히 어두운 미래에 대한 불안으로 인해 더욱 증폭되고, 결국 세상에 믿을 건 나 자신뿐이라는, 나아가서 내 몸뿐이라는 비정하고 비장한 현실인식에 이르게 된 것이다.

사실 인간에게 있어서 몸은 자기의식의 보루인 동시에 세계와 접촉하는 인터페이스로서, 가장 직접적이고 구체적인 정체성이 구현되는 자리이다. 사람은 몸과 더불어 태어나고, 몸으로 이 세상을 향유하며 살아가다가, 몸과 더불어 소멸하지 않는가? 우리의 삶의 흔적이 새겨져 있는 기억의 장소이자 우리가 만들어가고 관리할 수 있는 자산이기도 한 몸이 웰빙 열풍의 상징적 공간이 되는 것은 지극히 당연한 일이다.

　따라서 웰빙의 신화는 곧 건강한 몸의 신화로 자리 잡았으며, 이제 웰빙 담론은 자본주의적 의료서비스의 발달이라는 날개를 달고 바야흐로 전성기를 맞고 있다.

　여기서 주목할 만한 것은 건강한 몸이 전문적이고 기술적인 지표들에 의해 지배된다는 것이다. '~에서 ~까지' 정상이라 규정하는 의학적 지표들에 따라 표준에 비해 모자라거나 넘어서는 것은 자동적으로 질병으로 분류되는 것이다. 다시 말하면 이제 건강한 몸은 개인들이 느끼고 체험하는 것이라기보다는, 전문가들이 그들만이 아는 지식으로 설정해놓은 기준에 묶이게 된다. 푸코의 말대로 정상과 비정상을 확연하게 구분 짓는 것이 바로 힘을 지닌 지식으로서의 담론의 기능이 아닌가.

　계량화된 의학적 기준에 권위가 부여될수록 개인의 몸이 느끼는 징표는 순식간에 무력해진다. 예를 들어 '마음의 감기'라는 질병으로서의 우울증에 대한 경고가 이어지고 또 그 진단 지표들을 어디서나 쉽게 접할 수 있을 때, 문득 울적해지는 내 마음에도 의혹의 시선을 던지게 된다. 몸이라는 생물학적 정체성이 계량화된 지표로 통제되어 의료서비스 속에 유통되는 시대, 이른바 '생체권력'의 시대가 온 것이다.

몸에 대한 지식은 사실상 권력이 인간을 통제하는 가장 효과적인 기술이 아닌가.

TV에서도 건강한 몸은 중요한 화두가 된다. 건강에 대해 '누구나 쉽고 재미있게 공감할 수 있는 오락적인 시각'으로 접근한다는 「비타민」은 게임을 즐기며 건강을 배워가는 출연자들과 건강과 관련된 지식을 가르치는 전문가들이 양 축을 이루면서 매주 한 가지씩 우리 몸과 직결된 문제를 다룬다. 특히 실제 나이와 건강 나이의 비교는 모두의 관심을 노화 방지로 이끌어간다. 또 '국민의 삶의 질 증진'을 위해 매번 '위대한 밥상'이라는 건강 식단을 차려내기도 한다. 하지만 「비타민」은 건강한 몸이라는 화두를 오락과 접목시켜 출연자들의 몸을 정보의 소재로 삼음으로써, 우리의 몸과 건강을 오락화된 상품의 자리로 변질시킨다.

그에 비하면 우리의 삶의 질을 위한 의학 정보를 제공하는 「생로병사의 비밀」은 좀 더 과학적이고 논리적으로 접근한다. 2002년도에 첫 방송을 시작하여 이미 100회를 넘긴 이 프로그램이 오랫동안 우리가 무심코 지나쳐온 몸의 여러 현상들이 갖는 의미를 일깨우는 계기가 된 것은 사실이다.

그러나 방송이 이어지면서 노동의 도구로서의 지위를 벗어난 몸이 어느새 목적이 되어버리고, 건강한 몸이라는 강박관념이 오히려 몸 자체의 상징성을 앗아가기도 한다. 어느 날 어떤 과일 혹은 빵이 건강에 좋다고 소개되면 다음날 시장에서 수요-공급에 변화가 오는 것이 그 예이다. 북유럽의 어느 나라에서 즐겨먹는 빵, 남태평양의 어느 지방에서 즐겨먹는 과일은, 내적인 영양성분만으로는 설명할 수 없는, 각 지역 특유의 상황을 담고 있을 것이다. 몸이 견뎌내야 하는 기후 조건, 같이 섭취하는 다른 음식들과의 관계, 이런 것으로부터 유리되어 나온 건강음식 돌풍은 어쩌면 현실을 억압하고 왜곡하는 물신(fetish)일 뿐이다.

여기서 우리는 건강한 몸의 신화의 이면에는 유한한 존재로서 모든 인간이 짊어지고 가야 하는 죽음에 대한 두려움이 있다고 생각하게 된다. 건강한 몸의 신화는 건강하지 못한 몸에 대한 의혹의 시선을 낳고, 그렇게 해서 모든 질병에는 모종의 사회적 함의 또는 은유가 부여된다. 그리고 그것은 최종적으로 죽음에 대한 부정적 시선에 연결된다.

이제 모든 질병은, 심지어 살아온 과거의 흔적이며 살아가고 있는 현재의 흔적인 노화(老化), 그리고 삶의 종말인 죽음까지도, 관리하고 싸워 이겨야 할 적(敵)이 된 것이다. 삶의 일부이면서도 첨단 의료과학의 발달과 함께 삶으로부터 유리되기 시작한 죽음은 이제 웰빙과 함께 더 두꺼워진 베일 속으로 들어가버린 셈이다.

| 웰빙, 코르셋을 입다 |

원래 건강한 몸이라는 내적인 측면에서 출발한 웰빙은 이미지가 지배하는 포스트모더니즘 시대에 이르러 보이는 몸, 보다 정확히는 아름답게 보이는 몸이라는 외적인 측면으로 이동한다.

사실 아름다움이란 지극히 상대적이며 문화적인 다양성이 내포된

여성의 몸은 욕망하는 몸이라기보다는 욕망하는 시선에
종속된 몸이다

개념이다. 예컨대 많은 사람들이 굶주리던 시절, 부유한 사람들은 마음껏 먹을 수 있다는 것으로 보통 사람들과 구별되려 했고, 그 결과로 만들어진 풍만한 몸이 아름다움의 기준이었다.

하지만 굶주림에서 벗어난 사람들에게 음식은 양보다 질의 문제가 되고, 아름다운 몸을 규정하는 시선 역시 변화하게 된다. 빈곤의 상징이던 마른 몸은 이제 날씬한 몸이 되어, 궁핍의 문제를 해결한 사회가 누리는 질적 풍요를 상징하게 된다. 실제로 비만이 큰 사회문제가 되고 있는 나라들에서 싼 음식을 빨리 먹고 일해야 하는 하층계급의 비만도가 가장 높다는 것은 알려진 사실이다.

내적인 몸의 현실이 삶의 흔적을 지워버린 건강한 몸의 그늘에 가려졌던 것처럼, 외적인 몸은 삶의 현실과 괴리된 아름다운 몸의 환영(幻影)에 가려지게 된다. 미디어는 아름다운 몸들로 가득 차 있지 않은가. 이미지는 실재를 드러내는 여러 가지 방식들 중 가장 즉각적이고 전체적이다. 또, 시간적으로 지연시키거나 부분만을 따로 떼어내기 어려우며, 그래서 가장 폭력적이다.

몸이 원래 살아온 삶의 기록을 담고 있는, 삶이라는 실재를 드러내는 이미지라고 할 때, 미디어가 쏟아내는 표준화된 시각 이미지는 거대한 시뮬라크르가 되어 우리 모두의 욕망을 부추긴다. 분명 현실은 아니지만 그렇다고 거짓도 아닌 이미지, 그렇기 때문에 거부하기 어렵고 너무나 매력적인 이미지로서의 아름다운 몸은 존재의 미성숙을 위로하는 물신으로 존재하는 것이다.

더구나 이렇게 비대해지고 강력해진 시뮬라크르는 그냥 '이렇다'라고 보여주는 재현적 기능에 그치지 않고, '이렇게 해야 한다'는 정언적 명령으로 이동한다. 얼짱과 몸짱은 타고나는 것, 운 좋은 사람들이 누리는 것이 아니라 만들어갈 수 있는 것, 아니 만들어가야만 하는 것이 된 것이다. 그것은 여유라는 삶의 질의 상징인 동시에 의지, 능력이라는 인간적 덕목의 상징이 되어버린 것이다. 그리하여 웰빙은 다시 코르셋을 입고, 웰빙은 다시 헬스클럽에서 노동의 땀만큼이나 힘겨운 땀을 흘린다.

특히 여성의 경우 날씬한 몸의 정언명령은 더욱 강력하다. 물론 남성들에게도 보이는 몸의 압력이 없는 것은 아니지만, 더욱 강압적인 사회적 시선 아래에 놓인 것은 여성의 몸이다. 남성의 아름다운 몸은 어느 정도 건강한 몸과 연결되어 있지만, 여성의 아름다운 몸, 즉 날씬한 몸은 건강한 몸과 분리된 경우가 많지 않은가! "남성은 행동하고, 여성은 보여진다"는 말처럼, 여성의 몸은 욕망하는 몸이라기보다는 욕망하는 시선에 종속된 몸이다.

물론 인간의 정체성은 필연적으로 타자(他者)와의 관계 속에 형성되며, 자기애(自己愛)는 결국 인정투쟁과 맞물려 있다는 점에서, 또 아름다운 몸이라는 문제가 상당 부분 식욕이라는 원초적 욕망과 연결되어 있다는 점에서, 아름다움을 둘러싼 문제를 남성적 시선이라는 한 가지 이데올로기로만 설명할 수는 없을 것이다.

하지만 심각한 문제는, 아름답고 날씬한 몸이 단순히 미적 우월성에 그치지 않고 욕망의 절제와 자기관리라는 일종의 윤리적 우월성을 띤다는 것이다. 자본주의가 윤리적 정당성 확보를 위해 프로테스탄티즘과 결합했듯이 이제 몸은 또 다른 자본이 되어 윤리적 차원을 필요로 하게 된 것이다. 그 결과 여성의 몸은 사회적 시선에 의해 만들어진 자부심이나 자기혐오의 자리가 되었고,[1] 억압은 내면화되어 그에 대한 반성 자체가 불가능한 상황이 되어버렸다. 푸코의 말대로 여성의 몸은 사회적 시선에 길들여진 '유순한 신체'가 된 것이다.

| 잘 살자, 잘 사자 |

녹차 음료수, 녹차 캔디, 녹차 샌드, 녹차 케이크, 녹차 아이스크림, 녹차 비누, 녹차 샴푸……. 이른바 녹차 신드롬은 웰빙 열풍을 단적으로 보여주는 예이다. 이쯤 되면 건강을 위한 재료를 원한다기보다는 '녹차=건강'이라는 이미지를 사고파는 것이라 해도 과언이 아니다.

---

[1] 근대화 초기 여성들의 질병이던 히스테리가 전통적 여성 역할을 거부한 여자들의 반항이라면, 이제 거식증이 그 자리를 이어가고 있다. 수전 보르도, 『참을 수 없는 몸의 무거움』(또하나의문화, 2003) 참조

'녹차는 자연이 만든 것'이라는 광고는 사실상 아무것도 설명하지 않는다(자연이 만들지 않은 식물도 있는가?). 중요한 것은 녹차의 성분도 기능도 아니며, 오직 광고가 만들어내는 녹차의 웰빙 이미지일 뿐이다. 이렇게 웰빙이 소비자본주의 시대의 마케팅과 소비의 중심에 놓이면서, 자본주

웰빙은 소비자본주의 시대에 마케팅과 소비의 중심에 놓이고 있다

의적 경쟁에 내몰렸던 사람들의 반성과 더불어 시작된 웰빙이 다시 자본주의적 경쟁의 최첨단에 서게 되는 역설적 상황이 생겨난다.

　'잘 살기' 위해서는 '잘 사야' 하는 것이다. 각종 다이어트용품이나 운동기구들, 스포츠 보조식품 혹은 건강식품이라고 불리는 기본적인 제품들은 물론이고, 우리 생활을 둘러싼 거의 모든 상품이 웰빙을 내세우고 있다.

　웰빙 가전을 보자. "살균 세탁하셨나요?", "항균마크 확인하셨나요?"라는 물음들은 사실상 질문이라기보다는 명령을 내포한 언술이다. 그 절정은 "댁의 집 안 공기, 인증 받으셨나요?"라는 당혹스러운 질문이다. 공기는 우리의 생명을 유지하는 데 없어서는 안 될 귀중한 환경자원이며, 누구의 것도 아닌 공유 자원이다. 하지만 누구인지 알 수 없는 전문가로부터 인증 받은 나만의 집 안 공기는 이제 내가 구매한 상품이 되고, 이렇게 해서 웰빙이라는 라이프스타일 또는 취향은

구매력의 문제로 귀결된다.

새집증후군을 둘러싼 문제 역시 같은 맥락에서 볼 수 있다. 건축자재가 내뿜는 독소를 제거하기 위한 여러 가지 해결책 중에서 가장 안전하고(왜 안전한지 일반소비자는 그 근거가 되는 지식을 이해하기 어렵지만) 또 가장 품격 있는(부르디외의 말대로 취향은 곧 계급이 아닌가!) 것은, 무엇보다도 여러 가지 항균 재료, 혹은 독성이 없지만 비싼 천연 소재를 사용하는 것이다. 나노 코팅, 음이온 코팅, 천연 마루……. 고가의 전문적인 해결책들이 소비자의 선택을 기다리고 있다.

식단의 혁명이라 할 수 있을 유기농도 다르지 않다. 유해한 화학비료를 쓰지 않고 힘들지만 환경친화적이고 건강에 좋다는 유기농법을 선택한 농부들에게 정당한 보상이 필요한 것은 사실이지만, 그걸 고려한다 해도 보통사람들이 선뜻 손을 내밀기에 유기농 제품들은 너무 비싸다.

결국 야채를 여러 번 잘 씻고, 새 아파트의 독성을 빼기 위해 창문을 열어두는 등 돈이 들지 않는 여러 가지 해결책은 어느 샌가 웰빙을 위한 노력이라기보다는 유기농과 천연 원료라는 웰빙 상품을 소비할 능력이 없는 사람들에게 부여된 부가 노동이 되었다.

결국 웰빙은 소비를 통한, 소비를 위한 웰빙이 되고, 다시 지극히 물질적인 풍요로 되돌아온 웰빙은 지식과 품격의 소비와 동의어가 된다. 실제 웰빙 제품이 소비자를 설득하기 위해 가장 애용하는 전략은 전문지식과 품격의 결합이다. 예를 들어 이름부터 '사이언스'인 어느 분유는 과학적 근거를 내세워 내 아이에게 특별한 분유를 먹여야 하는 이유를 설득하며, '트루맘 뉴클래스'라는 난해한 이름의 분유 역시 모유면

역인자라는 학술적인 용어를 내세워 '진짜 엄마'의 상징을 구매하는 새로운 계급이 되어보라고 유혹한다. 기호가치가 지배하는 소비자본주의 시대에, 이제 웰빙은 지식과 품격, 그리고 부를 독점하게 된 것이다.

하지만 공기청정기로 유지되는 자연이 상징하듯, 상품화된 웰빙은 인공적인 자연이다. 항균, 멸균으로 정제된 환경은 위생적 환경이지만, 동시에 자연의 힘이 소거된 박제된 대상이다. 그렇게 정제된 자연이 웰빙 이미지를 내건 소비와 결합할 때, 그것은 자연이라기보다는 '진짜보다 더 진짜 같은' 가짜 자연이다.

심지어 기호에 맞게 생산된 인공의 자연이 원래 있는 자연을 몰아내기도 한다. 예를 들어 노동의 상징이던 그을린 몸은 이제 피서를 떠나지 못한 궁핍의 상징으로 변화했고, 사람들은 기계 속에 들어가 인공의 태양에 몸을 내맡긴다. 진짜 태양의 결핍을 보충하기 위해서가 아니라, 오히려 진짜 태양은 피부를 상하게 할 위험이 있기 때문에 안전하게 소비되는 태양이 더 사랑받는 것이다!

| 청계천은 테마파크다! |

웰빙은 주거 공간에 대한 생각에도 큰 변화를 가져왔다. 실용성의 원칙이 지배하던 아파트가 대표적이다. 삼성 아파트와 래미안, 대우 아파트와 푸르지오, 대림 아파트와 e-편한 세상, 롯데 아파트와 롯데 캐슬, 두산 아파트와 위브, 벽산 아파트와 블루밍, 현대아파트와 I 파크……. 같은 회사에서 건설한 이 두 부류의 아파트들은 어떻게 다른가?

세련된 이름과 디자인이 가장 먼저 눈에 띌 것이다. 또 이름만큼이나 세련된 외관, 즉 디자인의 변화라는 아름다움의 웰빙이 있을 것이고, 실용성을 넘어 공간을 재배치한 여유의 웰빙도 있을 것이다. 더구나 IT 환경이 보장하는 안전성과 편리함이라는 첨단 웰빙도 존재할 것이다. 한마디로 말해 '뉴-스타일' 아파트들은 하루 일과를 마치고 돌아와 다시 다음날의 일과를 시작할 때까지 머무는 단순한 주거지가 아니라, 주민들의 삶과 몸에 대한 과학적이고 정서적인 배려가 충만한 토털 서비스 공간을 지향한다.

이렇게 해서 시공사의 이름을 내걸며 소비자의 신뢰를 구하던 이전의 아파트와 달리 이제 업그레이드된 새 아파트들은 웰빙의 이미지로 승부를 건다. 아파트는 더 이상 단순한 집이 아니라 라이프스타일을 드러내는 기호가 되었다. 실제 건물은 그대로 둔 채 이름만 새 스타일로 바꾸어 단 아파트들이 눈에 띄는 걸 보면, 이른바 웰빙 아파트가 만들어내는 이미지의 힘을 절감할 수 있다.

하지만 새로운 아파트들의 가장 큰 특징은 이전보다 훨씬 더 높아진 층수에 있다. 지하 여러 층까지 내려간 주차장에서 20층이 넘는 꼭대기까지 공간은 더욱 수직적이 되었고, 또 당연히 더욱 집약적이 되었다. 그래서 아파트 광고들은 반(反)자연적 고밀도 주거공간의 긴장을 은폐하는 홍보문구와 이미지들로 가득 차 있다.

"뜰 안에 핀 행복 공간, 뜰안채", "자연이 그린 아파트, 꿈에그린",

"웰빙도 생활의 일부가 됩니다, 위브", "편안함이 숨 쉬는 공간, 에버빌", "활짝 feel(필) Life, 블루밍 아파트"라는 난해한 문구도 있고, "건강 프리미엄 아파트, 상테빌"이라는 보다 노골적인 이름도 있다(광고의 끝부분에 원어민의 목소리로 "상테빌~"이라는 콧소리가 들리고, 곧이어 "상테는 프랑스어로 건강이란 뜻입니다"라는 친절한 설명도 나온다).

하지만 자연친화적임을 내세우는 새로운 아파트들이 말하는 자연은 상당히 인위적인 자연이다. 새로 아파트를 개발할 때에는 원래 그 자리에 있던 산을 깎는 것에서부터 시작하지 않는가? 물론 그 자리에 들어설 아파트가 내세우는 최고의 가치는 친자연, 친환경이기에, 잘려나간 자연은 새로운 자연, 진짜보다 더 안온하고 쾌적해 보이는 자연으로 대체된다. 산책로가 만들어지고, 아파트 안에는 오솔길과 옹달샘이 들어선다. 그리고 그렇게 단지 안에 만들어진 자연은 관리되는 자연, 즉 관리비를 내고 소비하는 자연이기에 원래 그대로의 상태로 놓인 자연보다 훨씬 더 편리하다.

자연과 최첨단을 동시에 사랑하는 품격 있는 사람들은 이제 아파트를 통해 존재감을 느끼고, 또 과시한다. 이른 아침 통유리로 멋진 시야를 확보한 거실에서 햇살을 가득 받으며 러닝머신을 달리는 '자이'의 그녀, '뉴욕의 최고급 호텔'에서도 집을 그리워하는 '힐 스테이트'의 그녀, 남자친구를 부끄럼 없이 집에 데려갈 수 있는 '래미안'의 그녀처럼 말이다.

청계천도 마찬가지다. 자연 하천을 복개하고 건설한 고가도로가 산업화의 상징이었다면, 청계천의 복원은 물질적 번영에 가려진 정신적 자

청계천은 문화 자본주의적 개발을 치장하는 이미지로서 웰빙이다

산을 되살린다는 점에서 웰빙의 범주에 들어갈 수 있을 것이다.

하지만 복원된 청계천은(효과적인 복원을 위해 대책 없이 철거된 삶의 터전의 문제라든가, 하천이라기보다는 인공 수로라는 가장 근본적인 문제는 접어둔다 해도) 원래의 청계천보다 훨씬 더, 너무 많이 아름답다. 그리고 그 아름다움은 거의 모두가 인공의 설치물에서 나온다. 기하학적 공간 속에 아름다운 문양들이 펼쳐진 곳, 밑에서는 미니어처 캔들에서 분수가 올라오고 벽으로는 이단 폭포가 흘러내리는 곳, 수만 명의 바람을 타일 위에 담았다는 프라하풍의 '소원의 벽'이 있는 곳, 밤이면 루미나리에라는 멋진 이름으로 황홀한 빛의 향연이 벌어지는 곳……. 청계천의 아름다움을 지탱하는 것은 복원된 자연 혹은 역사가 아니라 개발된 새로운 스타일의 문화이다.

입구에 버티고 서서 '봄'과 '도약'을 상징한다는 거대한 원색의 조형물 역시 그 기계적 리얼리티를 통해 존재감을 과시한다. 팝아트의 대가인 올덴버그가 디자인했다는 그 거대한 나선형 소라는(청계천과 소라라니!), 그 예술적 가치는 논외로 하더라도, 삶의 터전이던 청계천 복원을 상징한다기보다는 서울시가 야심차게 수행하는 '인터내셔널'한 개발사업의 성공을 상징한다.

이제 2007년, '문화 디지털 청계천 프로젝트'의 일환으로 '청혼의 벽'이 만들어질 예정이다. 최첨단 워터스크린에 UCC를 내보내는 신청만 하면 누구나 서울 시민이 보는 앞에서 낭만적인 프러포즈를 할 수 있는 곳이 말이다! 청계천은 진정 온갖 시뮬라크르들이 넘쳐나는 만능 엔터테인먼트의 공간이다.

구경꾼들이 쉼 없이 모여드는 곳, 시민들을 위한 걷기 대회가 개최되는 곳, 온갖 축제가 벌어지는 곳, 그야말로 새로운 문화의 공간인 청계천은 산업화가 가려버린 중요한 것을 복원하는 웰빙이 아니다. 그것은 차라리 소비코드로서의 웰빙, 문화자본주의적 개발을 치장하는 이미지로서의 웰빙이다.

시멘트 숲에 지친 시민들의 휴식 공간, 세계화된 서울시의 관광자원으로 손색이 없는 청계천, 세련된 디자인과 각양각색의 조형물로 장식된 청계천은 도시 속에 보존된 자연 혹은 현재 속에 복원된 과거가 아니라, 서울랜드, 에버랜드, 디즈니랜드처럼 엔터테인먼트를 위해 개발된 무료 테마파크다. 가자, 청계랜드로!

5장

현실과 환상의
경계에 서서

Homo dramacus

Homo

dramacus

현실을 소비하는 나르시스들

이것은 사실입니다

우리는 살아간다. 그것이 현실이다. 현실은 단조롭고, 힘들고, 지루하다. 그래서 우리는 꿈을 꾼다. '지금-여기'가 아닌 것을 불러오는 꿈은 현실에 활기를 주고 위안을 주고 재미를 준다. 그리고 한 걸음 더 나아가, 현실 안에 파묻혀 있을 땐 보이지 않던 의미를 찾게 해준다. 허구는 이러한 인간의 꿈이 만들어낸 대표적 산물이다.

허구는 지어낸 이야기지만 현실이 미처 담아내지 못한 것까지를 실어서 의미를 완성할 수 있다. 허구가 삶의 진실을 담을 수 있다는 것은 그런 뜻이다. 하지만 결코 현실을 완전히 놓지 못하는 인간에게 허구는 불안한 것이며, 현실의 증거가 필요하게 된다. 그래서 허구 속에 존재하는 현실의 함량은 허구의 허전함을 달래주는 좋은 방법이 된다.

우리는 어떤 이야기를 보거나 들을 때, 흔히 이렇게 묻는다. "정말이래? 진짜 있었던 일이래?" 물론 모든 이야기는 보여주거나 들려주는 과정에서 이미 허구가 되었음에도 불구하고(마찬가지로 모든 허구는 현실에 발을 걸치고 있다!), 명시적으로 현실을 재현하는 허구에는 일반적인 허구가 갖지 못한 무엇인가가 부여된다. 실제 인물의 삶을 옮긴 이야기가 전적으로 허구적 상상력을 통해 만들어진 인물의 이야기에 비해 시청자의 머릿속에 더욱 깊게 각인되는 것은 그 때문이다. 영화 「실미도」의 이야기 역시 현실의 함량이 제거될 경우 관객들이 얻는 의미는 상당히 달라졌을 것이다.

이러한 원리는 드라마나 영화에도 그대로 적용된다. TV에서 이어지는 사극 돌풍이 그 예이다. 이순신의 인간적 고뇌를 강조하는 드라마를 보자. 백의종군의 고초를 겪은 후 눈에 띄게 피로해 보이는 이순신 장군이 열세 척의 배로 수많은 적을 무찌르고 승리의 칼을 높이 들어올린다. 드라마가 복잡한 현실을 단순화하여 우상을 만들어내는 게 아닌지, 그리고 어째서 적은 언제나 모두 백치이어야 하는지 등의 거부감은 잠시 접어두고, 많은 사람들의 가슴속에 떨림이 온다. 일차적으로 화면에 클로즈업된 허구의 인물이 체험하는, 그래서 시청자들이 간접 체험하는 고뇌가 그 떨림의 근원일 테지만, 한 걸음 더 나아가면 눈앞에 보이는 사건이 실제 역사를 재구성했다는 사실이 허구에 현실의 함량을 부가하면서 시청자들의 삶 속에 보다 더 깊고 구체적으로 파고든다.

'팩션(faction)'이라는 말이 있다. 사실(fact)과 허구(fiction)라는 상반되는 단어가 결합된 것으로, 실제 사건을 소재로 재구성한 이야기를 지칭한다. 팩션은 지난 몇 년 동안 출판시장을 지배한 장르들 중 하나이며,[1] 자서전이 다른 장르에 비해 쉽게 독자들의 주목을 끄는 것도 같은 맥락에서 이해할 수 있다.

영화나 TV 드라마에서도 팩션은 점점 더 중요한 요소가 되고 있다. 가장 흔한 경우는 사극(史劇) 형식으로 과거를 되살리는 것이고, 그렇게 면 과거가 아니라 해도 역사적 현실을 바탕으로 구성되는 이야기는 비록 실존 인물이 등장하지 않는 경우라 해도 넓은 의미의 팩션이 된다.

'리얼리티 프로그램(reality program)'은 허구 속에서의 현실의 함량을 바탕으로 이야기를 끌어가는 팩션과 달리 실제 일어난 사건을 허구적 재구성 없이 옮겨놓는 것이다. 『KBS 미디어 용어 해설집』은 리얼리티 프로그램을 '실제 사건 또는 인물에 초점을 맞춰서 사실 장면을 주축으로 제작된 프로그램'으로 정의하는데, 사실 이러한 정의는 「PD수첩」「그것이 알고 싶다」「추적 60분」 같은 일종의 보도 프로그램 혹은 시사 다큐멘터리 프로그램에 한정되지 않고, 실제의 사건을 이야기로 옮기되 그 옮기는 작업의 흔적을 절제한 프로그램들 모두를 포괄할 수 있는 광범위한 정의가 된다.

예를 들어 「인간극장」이나 「병원 24시」류의 다큐멘터리 프로그램은 우리가 체험하지 못한 삶의 현실을 있는 그대로 보여준다. 그 주인공들은 드라마 속의 주인공들과 달리 극적인 줄거리 속에 들어가 있지 않으

---

1 세계의 출판시장을 석권한 『다빈치코드』가 대표적이다. 더구나 『다빈치코드』는 단순히 실화를 바탕으로 하는 것을 넘어서서, 숨겨진 사실임을 내세운다는 점에서 더욱 자극적인 허구이다. 또 하나의 세계적 베스트셀러인 『해리포터』는 사실을 노골적으로 포기한, 이른바 '판타지' 허구이다. 하지만 이 두 장르는 일반적인 문학의 허구를 (서로 반대 방향으로) 이탈한다는 점에서 공통점을 갖는다.

며, 우리가 몸담고 살아가는 현실의 아픔을 그대로 안고 살아가는 사람들이다. 화려하지 않은 삶, 때로 단조롭고 무미건조한 삶, 멋있게 마무리되지도 않을 삶의 단편을 그대로 보여줌으로써 우리의 삶의 의미를 돌아보게 하는 것, 이것이 리얼리티 프로그램의 가장 큰 미덕일 것이다.

더 나아가 지금 보이는 장면이 사실이라는 것은 보는 사람의 구체적인 반응을 끌어내기에 효과적이다. 그러한 특성을 활용한 것이 「사랑의 리퀘스트」 같은 프로그램이다. 이 프로그램은 실제 어려움에 처한 사람의 모습을 가감 없이 보여줌으로써 보는 이의 마음을 움직이고, 그렇게 해서 미디어를 매개로 구체적인 실천을 하게 만든다.[2]

┃ 더구나 실제 상황입니다 ┃

TV는 지금 그 어떤 매체보다도 다양한 장르의 프로그램을 개발 중이다. 우리의 일상생활 속에 자리 잡은 가장 익숙한 매체이지만 바로 그 이유에서 가장 지루해지기 쉬운 매체이기도 하기 때문이다. 리모컨을 손에 든 시청자는 잠시라도 긴장이 느슨해지면 이내 다른 곳으로 옮겨가버리는 '호모 자피엔스'들이 아닌가. TV는 시청자를

---

2 이 점에서 ARS 모금 방식을 선택한 「사랑의 리퀘스트」는 상당히 민주적이고 또 보다 직접적인 온정이 담긴 기부 문화를 구현한다고 말할 수도 있다. 하지만 사회제도가 감당해야 할 부분, 현재 감당하지 못하고 있다면 감당할 수 있도록 만들어야 할 부분을, 그 공적인 농도를 사적인 차원에서 희석시켜버리는 것도 사실이다.

붙잡아둘 고삐를 매순간 찾아내야 하며, 리얼리티 프로그램의 다양화도 이런 맥락에서 설명될 수 있을 것이다.

앞에서 인용한 리얼리티 프로그램의 정의에는 이런 말이 이어진다. "보도 프로그램 이외에 오락성이 강한 프로그램도 리얼리티 프로그램의 범주에 포함될 수 있다." 오락을 끌어들인 이 설명으로 넘어가면, 사실상 리얼리티 프로그램은 현재 TV에서 방영되는 상당수의 프로그램을 포괄하는 커다란 범주로 확장된다.

가장 먼저 눈에 띄는 것은 현실의 함량을 내세우는 오락 프로들이다. 「TV는 사랑을 싣고」처럼 '각박한 현실 속에 살아가는' 사람들을 위해 오랫동안 만나지 못한 사람들에게 재회의 자리를 마련하는 프로그램도 있고, 이른바 '리얼 토크'를 내세우며 출연자들의 솔직함이(엄밀히 말하자면 연출된 솔직함이며, 최소한 보임을 의식한 솔직함이다) 시청자의 호기심을 만족시키는 「야심만만」이나 「지피지기」 같은 프로그램도 있다. 출연자는 당연히 유명 스타들이다. 연기하는 역할 속에서 또는 불러주는 노래 속에서 만나던 스타들이 허구를 벗고 삶의 모습을 그대로 드러낸다. 이것이 별다른 줄거리나 구성 없이도 현실을 그대로 잘라냈을 뿐인 한 시간 동안 TV 앞에 사람들을 붙잡아둘 수 있는 이유다.

한 걸음 더 나아가 '실제상황'이라는 수식이 붙게 되면, 날것의 욕망으로 진화한 진실의 환상은 노골적으로 유쾌해진다. 「무한도전」으로 시작된 이러한 경향은 「1박2일」이나 「라인업」으로 이어지면서, 시청자들에게 연예인들이 실제상황을 헤쳐 나가는 장면을, 그 즉흥성과 사소함을 즐기며 바라보게 한다.

실제상황의 설정이 보다 교묘하게 서스펜스를 이끌어가는 경우도 있다. 이 경우 화면 위에선 중요 순간마다 슬로우비디오와 정지화면이 등장하면서 시청자의 긴장감을 조종 혹은 유린한다. 현실과 허구의 경계에서 줄타기를 하며 위안을 떠안기는 이러한 음험한 판타지는 오락 프로그램에 흔히 등장하는 짝짓기(!) 놀이를 지탱하는 가장 중요한 요소이다.

　　한동안 주말 저녁시간대를 평정했던 「X맨」이 매회 빼놓지 않고 설정하던 '러브라인'을 생각해보라. 이미 종영되었지만 「강호동의 천생연분」이나 「산장 미팅 장미의 전쟁」 같은 프로그램은 더욱 노골적으로 짝짓기를 오락의 소재로 삼으면서 실제상황을 내세운다. 하지만 모든 것은 소비되기 위해 제조된 실제상황이며, 그러니까 실제상황이 아니다. 단지 실제상황이라는 껍질로 가짜 현실을 보다 '리얼'하게 만들고 있을 뿐이다. 당연히 방송 이후는 아무 의미가 없고, 시청자 역시 관심도 없다.

　　오래전 방영된 「사랑의 스튜디오」와 비교해보면 이러한 특성은 더욱 두드러진다. 짝짓기 프로그램의 원조 격이라 할 수 있는 「사랑의 스튜디오」가 현실이라는 축으로 재미를 지탱했다면, 최근의 프로그램들은 재미를 위해 현실인 척 위장하는 셈이다.

　　일종의 진실에의 욕망이라 할 수 있을까? 어느 정도는 그럴 것이다. TV 속의 저 현실은 우리에게 보여주려고 일부러 지어낸 허구가 아니고, 그러니까 진실이다, 라고 믿고 싶은 것이다. 하지만 그것은 사실과 진실이 혼동된, 길 잃은 욕망이 될 수 있다. 이미 이야기했듯이 허구가 사실이 아니면서 진실을 담을 수 있는 것과 마찬가지로, 사실로 포장된 것들은 진실이 아니라 진실의 환상을 만들어낼 수 있기 때문이다. 시청자들은 TV에 넘쳐나는 스타들의 사생활을 관음증적 시선으로 바라보며 진실에의 환상을 쫓는 것이다.

「만원의 행복」처럼 현실에서의 의미를 보다 적극적으로 방패막이로 내세우는 경우도 마찬가지다. 유명 연예인이 나와서 일주일 동안 만 원으로 버티는 과정을 보여주는 이 프로그램의 기획의도를 보면, '연예인들은 사치스럽다는 편견'에 맞서며, "알뜰하고 진솔한 모습으로 소비의 거품을 제거하는 모습을 보여주고, 그렇게 해서 절약정신을 일깨우겠다"는 것이다. 모두 다함께 절약하며 만 원의 행복을 누려보자는 것이다.

하지만 일주일에 만 원으로 행복할 수 있는 사람은 누구인가? 인기 스타가 일주일 동안 만 원으로 버티는 것을 바라보며 자신에게 주어진 가난과 불행을 잠시나마 행복으로 받아들이라는 뜻일까? 그렇다면 적어도 대한민국 오락 프로가 현실에 지친 많은 사람들에게 범국민적 위로를 제공할 수 있을지도 모른다. 그러나 「만원의 행복」의 시청률을 지탱하는 것 역시 스타들의 사생활에 대한 관음증적 쾌락일 뿐이다.

게다가 감동적입니다

실제상황의 판타지가 강해질수록 재미는 더욱 커지며, 리얼리티 프로그램이라는 어느 정도 중립적인 용어는 점점 어색해진

리얼리티 쇼는 시청자들에게 빅브라더가 된 것 같은 쾌감을 제공한다

다. 보다 정확히 말하자면 '리얼리티 쇼(reality show)'의 영역으로 넘어가는 것이다.

흔히 리얼리티 프로그램과 혼동되어 쓰이기도 하는 리얼리티 쇼는 보다 노골적으로 오락을 내세운다는 특징을 갖는다. '리얼리티'가 있는 그대로의 현실을 의미한다면, '쇼'에는 관객들에게 볼거리를 제공한다는, 그러니까 진짜가 아니라는 뜻이 담겨 있다. "아무것도 필요 없다, 연속극 옆집 가서 본다"라고 아들에게 소리치는 노부부가 하는 것이 바로 쇼인 것이다. 간단히 말하자면, 리얼리티를 쇼라는 명칭은 리얼리티를 쇼의 소재로 사용한다는 뜻이다.

리얼리티 쇼는 원래 미국에서 시작된 프로그램 장르로, 물론 기본적인 틀은 설정되어 있지만 그 안에서 등장인물들의 실제상황을 여과 없이 보여주는 형식을 취한다. 가장 널리 알려진 것은 지원자들을 모아 일정 기간 생활하는 모습을 그대로 시청자에게 보여주는 것이다. 이런 프로그램은 시청자에게 여러 가지 쾌감을 제공한다. 연출되지 않은 상황을 만나는 쾌감, 타인의 삶을 엿보는 쾌감, 그리고 실제로 한 프로그램의 제목으로 쓰였던 말 그대로 빅브라더(Big Brother)가 된 것 같은 쾌감 같은 것이다. 거기에 서바이벌 형식까지 가미되면 시청자는 말초적 짜릿함을 느낄 수 있게 된다.

사실 리얼리티 쇼의 주제는 무한하다. 우리나라에서까지 화제가 된

백만장자의 신붓감 찾기부터, 한 여자를 '오리'에서 '백조'로 거듭나게 하기(물론 자신감을 갖게 하기 위한 심리적 조치도 잊지 않는다), 벌레가 들어 있는 관 속에서 오래 버티기, 외도에 빠진 배우자의 불륜 현장 잡기까지, 심지어 어릴 때 자기를 버린 아버지를 방송국이 준비(!)한 사람들 중에서 찾아내기도 있다.

물론 선정성을 비난하는 목소리가 없는 것은 아니지만, 이런 프로그램들이 익명의 대중들에게 환대받고 있다는 것은 시청률이 증명한다. 사람들은 왜 이런 우스꽝스러운 상황을 받아들이는가? 자기의 현실을 기꺼이 남에게, 그것도 불특정 다수에게 보여주기를 원하는 사람의 노출증은 무엇이고, TV 수상기라는 안전판 너머에서 그것을 보려는, 아니 엿보려는 사람의 관음증은 무엇인가? 보여주는 사람에게는 당연히 금전적 대가가 돌아올 것이다. 보는 사람은? 사실에의 욕망, 날것의 욕망이 이쯤 되면 뒤틀려버렸다고 말할 수 있다. 포르노를 보는 것보다 몰카로 엿보는 것이 더 자극적인 것과 마찬가지다.

현실로 위장한 게임 속에선 과장된 연출이 마치 포르노처럼 펼쳐진다(짝짓기 과정에서 노골적인 구애를 위해 흔들어대는 '섹시 댄스'를 보라). 시청자가 이런 쾌락에 젖어 있는 동안 방송국은 시청률을 얻고 따라서 광고 수입을 얻는다.

하지만 '동방예의지국'의 정서는 적어도 아직까지는 미국식의 리얼리티 쇼를 용납하기 어렵다. 시청자들의 사랑을 받는 다른 짝짓기 프로그램과 달리 「아찔한 소개팅」이 끊임없이 비난의 대상이 되는 것은 어쩌면 그 쇼 안에 리얼리티의 함량이 많아졌기 때문인지도 모른다.

미국의 리얼리티 쇼를 거리를 두고 바라볼 수 있는 것과 달리, 한국의 리얼리티 쇼에 CEO라는 '4억 소녀'가 나와서 크리스마스를 같이 보낼 남자친구를 찾는 노골적 현실은 부담스러운 것이다.

그래서일까, 한국형 리얼리티 쇼는 재미에 그치지 않고 시청자들을 행복하게 만들기 위한 사명을 띠고 있다. 이름마저도「행복주식회사」가 아닌가.「느낌표」「사과나무」「해피선데이」처럼 정감 어린 이름들이 바로 우리나라의 대표적인 리얼리티쇼들이다. 모두 모종의 도덕적 사명을 띠고 있고, 그 사명을 수행하는 과정이 자아내는 감동을 내걸고 있다. 사회가 미처 챙기지 못하는 사람들을 찾아내서 그 선행을 공개적으로 보상하기도 하고, 집 나간 자녀를 설득해서 다시 가족의 품으로 돌려보내기도 하고, 심지어 이혼 위기에 처한 가정의 갈등을 나서서 풀어주기도 한다. 바야흐로 TV 오락 프로가 대한민국 국민의 도덕 교육과 사회정의 실현을 떠맡은 셈이다.

「일요일 일요일 밤에」의 코너로 이미 종영된 '러브하우스'는 한국적 리얼리티 쇼의 전형을 보여준다. 우선 힘겨운 삶을 살아가는, 그래서 도움이 필요한 사람들을 위해 홈페이지에서 신청을 받는다. 물론 '신청 사연'이 필요하다. 아마도 선발 기준은 더 많은 눈물을 자아낼 수 있을 만한 사연일 테고, 그것은 아마도 상업성이 있다는 말과 동의어이리라.

복권에 당첨되듯 선정된 사람들을 위해 방송국은 뜻 있는 사람들의 협찬을 받아(홈페이지에는 도움주신 분들의 길고 긴 목록이 전화번호까지 같이 실려 있다) 집을 고쳐준다. 당장이라도 무너질 것 같던 집은 때로 시청자들까지도 부러워할 만큼 멋진 집으로 변모한다. 뚝딱 하고 마치 신데렐라를 위해 호박을 마차로 바꾸는 요정처럼, 방송국은 멋진, 지나치게 멋진 집을 만들어낸다. 그리고 그 감동을 극대화하기 위해 새로운 집이 만들어지는 노동의 과정은 의도적으로 생략한다. 마법처럼 '짜잔~'하며 모습을 드러내야 하기 때문이다.

새 집을 처음 보며 주인공들이 감격의 눈물을 흘릴 때, 저 눈물이 마른 후 저 집에서 얼마 동안 행복할까? 라는 의구심이 솟아오른다. 어쩌면 고마워해야 할 사람은 새 집을 얻는 행운을 누린 그 사람들이 아니다. 그들에겐 이내 이전과 똑같이 고단한 현실이 다가올 것이고, 예쁜 새 집과 익명에게 알려진 가족사는 어쩌면 더욱 거추장스러워질 것이다. 고마워해야 하는 건 오히려 시청자다. 덕분에 재미있고 뜻 깊기까지 한 시간을 보내지 않았는가?

얼마 전 많은 사람들의 아쉬움 속에 종방된 「느낌표」도 마찬가지이다. 물론 그저 오락에만 전념한 다른 프로들에 비해 「느낌표」가 완수한 수많은 '프로젝트'들의 사회적 가치를 무시할 수 없는 것은 사실이다. 하지만 타인의 불행을 시혜적으로, 그리고 공개적으로 다룬다는 불편함은 여전히 남는다.

「느낌표」는 약 6년에 걸쳐 수많은 사회적 메시지를 다루었지만, 그 중에서 가장 큰 화제가 된 것은 역시 '눈을 떠요'라는 코너였을 것이다. 사회보장제도가 감당하지 못하는 그들을 찾아 '기적의 메디컬 프로젝트'를 완수하는 것이 이 코너의 목표다(뒤이은 '산 넘고 물 건너'는 '글로벌'이라는 형용사가 추가되어 지구촌 곳곳의 의료 사각지대를 찾아가기도 했다).

그 시혜적 선의가 이 프로그램의 감동의 근원이라면, 재미는 시청자가 느끼는 감동을 조절하는 과정에서 얻어진다. 정말 눈을 뜰 수 있을까, 하는 궁금증을 극대화해서 시청자들을 붙잡아두고, 방송은 스타들이 기적을 수행하는 험난한 과정을 '즐겁게' 보여주는 것이다. 환자에게 이식할 각막도 진행자들이 직접 수송한다. 동행하는 의사가 여자 연예인에게 "조심해서 드셔야합니다"라고 말하며 건네줄 때, 저런 일은 의료인이 직접 해야 하는 일이 아닌가 하는 의문을 미처 가질 겨를도 없다. 신청 사연이 덜 감동적이어서 선정되지 못했을 수많은 사람들의 눈물도 생각할 겨를이 없다. 기적이 이루어지는 과정을 놓치지 말아야 하기 때문이다.

멋진 장소에 가족들을 다 모아두고 결과를 공개하는 클라이맥스 시간에는 역시 슬로우비디오와 정지 장면이 긴장을 극대화한다. 하지만 그때쯤이면 궁금하지 않을 수 없다. 한번 골라 보자. ① 의학에 대한 지식은 없지만 저렇게 밝은 야외에서 사람이 많은 곳에서 붕대를 처음 풀면, 가족들이 흘리는 감동의 눈물은 설명이 되지만 환자의 눈에 해롭지 않을까? ② 이미 붕대를 푸는 과정을 의학적으로 마친 후에 아직 결과를 모르는 가족들을 위해 별도의 감동적 장면을 연출하는 것이라면, 가족은 정당한 대가를 지불하고 받은 의료시술이 아니기 때문에 그런 시혜적 태도를 받아들여야만 하는 것일까? ③ 이미 가족들이 다 아는 일이라면, 마지막 장면에서 가족들이 흘리는 감동의 눈물은 알고 다시 봐도 너무나 힘겨운 고통이었기에 그것을 벗어난다는 기쁨이 매번 새롭게 감동적인 것일까, ④ 아니면 시청자들을 위해 연기(!)한 보너스일까?

| 하지만 진실이 아닙니다 |

　　　　다시 처음으로 돌아가보자. 우리는 살아간다. 그것이 현실이다. 현실은 단조롭고, 힘들고, 지루하다. 그래서 우리는 꿈을 꾼다. TV는 우리에게 필요한 꿈을 만들어내는 공장이다. 우리의 현실에 활기를 주고 위안을 주고 재미를 주는 꿈들이 매일같이 쏟아져 나온다. 하지만 눈에 보이는 현실이 전부일까 봐 두려워서 꿈을 꾸는 인간은, 또한 눈앞에 펼쳐진 꿈 같은 삶이 송두리째 꿈일까 봐 불안하다.

　그래서 살아가야 하는 현실이 아니라 꿈꾸는 현실, 현실의 이미지는 간직하면서도 현실의 고단함은 소거된 현실, 사실은 꿈이면서 꿈이라는 흔적이 흐릿해진 현실을 좋아한다. 보드리야르 식으로 말하면 안온한 현실은 그 일상성에 내재하는 지루함의 함량을 깨뜨릴 만큼의 흥분을 필요로 하는 것이다.

　그래서일까, 한 단계 더 진화한 리얼리티 쇼는 이제 감동과 재미를 선사하는 수준을 넘어서서 시청자들이 현실에서 만나기 힘든 극단적 상황을 해결하려 한다. 이른바 '솔루션 프로그램'이다.

　'구원의 손길'이 필요한 곳에 제작진이 직접 출동하여 '사태 해결 및 사후관리'까지 책임진다는 「SOS 긴급출동」을 보라. 어떻게 저런 일이 있을 수 있을까 싶은 경악스러운 폭력의 현장으로 시청자를 안내하는 이 프로그램은, 충격이 지나고 나면 왜 저런 문제들이 이런 식으로밖에 해결될 수 없는 것인지 우리를 슬프게 한다. 심지어 TV가 보여주는 현실의 단편들이 절실하고 고통스러울수록 TV 밖 나의 현실

'우리 아이가 달라졌어요'는 사실상 '우리 아이는 달라요'이다

은 더욱더 공고하다는 안도감이 마련되는 게 아닐까 묻게 된다. 「우리 아이가 달라졌어요」라는 제목은 사실상 '우리 아이는 달라요'라고 말하고 있는 것이다.

그것은 아늑한 거실 소파에 앉아 TV에 중계 방송되는 전쟁을 바라보는 것과 같다. 그러한 간접 체험에서 중요한 것은 체험되는 것의 내용이 아니다. 그보다는 체험이 이루어지는 상황 자체, 그러니까 조금도 위협받지 않는 '일상의 울타리' 안에서 위험을 체험한다는 현실이다. 솔루션 프로그램을 바라보는 나의 개탄은 결국 치열한 현실을 살아가고 있다는 알리바이일 뿐이다.

결국 우리는 TV 리얼리티 쇼를 바라보며 시청자가 체험하는 감동은 나의 현실을 조금도 방해하지 않기 때문에 얻어질 수 있는 감동이라고 말할 수 있다. 그 감동은 "세상이 그래도 살 만하다"는 도덕적 안도감을 만들어내며, 그 점에서 현실을 엔터테인먼트의 소재로 삼는 죄의식을 가려주는 과장된 감동이라고 말할 수밖에 없다.

타인의 삶 자체를, 그 위험과 비탄을 소재로 삼아 재미와 감동을 동시에 얻는 것, 타인의 삶을 날것 그대로 어루만지는 데 참여했다는 자신의 이미지에 도취되어 감동을 소비하는 것은 참으로 거북하고 위험한 일이다. 차라리 자극적이고 멍청해 보이죠? 어쩝니까! 그래도 재미

있잖아요. 시청자들에게 재미를 제공해서 돈을 좀 벌겠습니다, 라고 노골적으로 내세우는 미국식의 리얼리티 쇼가 나올지도 모른다.

결국 시청자가 현실을 소비하며 체험하는 것은 타인과 세계의 현실이 아니라 자기 자신의 욕망이며, 또한 자기 자신의 비대해진 이미지다. 인터넷에 퍼진 사연에 달려들어 공공의 적을 단죄하는 것이 정의가 아니라 정의의 나르시스적 환상이듯이, 리모컨과 전화기로 지탱되는 감각적인 ARS의 선행(善行)이 결국은 선행의 나르시스적 환상이듯이, TV 앞에 앉아서 방송국이 전해주는 현실을 보며 시청자가 얻는 것은 진실이 아니라 진실의 나르시스적 환상이다.

인터넷에 접속한 익명의 집단이 정의를 수호하고, 전화기를 손에 든 익명의 집단이 선행을 담당하고, TV 앞에 앉는 익명의 집단이 진실을 지탱하는 세상은, 유토피아의 환상에 허우적거리는 또 다른 디스토피아이다.

역사가 허구를 만날 때

아리스토텔레스의 말대로 역사는 특수성의 세계를, 문학은 보편성의 세계를 그린다. 다시 말하면 역사는 일회적인 일, 때로 믿을 수 없어도 실제로 일어난 일을 그리며, 문학은 지어낸 일이지만 언제든 실제로 일어날 수 있는 일을 그린다.

그렇다면 인간의 상상력이 만들어낸 사건들을 마치 실제로 있었던 것처럼 이야기하는 허구와 달리, 역사는 정말로 과거의 사건을 있었던 그대로 이야기하는 것일까? 어떤 사건이 실제로 일어났다는 것과, 그에 대한 공식적 기록으로서의 역사가 그 사건의 진실을 온전히 담아낸다는 것은 별개의 일이 아닐까? 사실상 지나간 일들은 기억되는 순간 이미 어떤 틀 속에 맞추어지며, 따라서 선별적인 것이 되지 않는가. 그렇게 해서 공적인 역사의 단일성으로 환원될 수 없는 많은 여백들은 여전히 이야기되기를 기다리고 있는 게 아닐까?

결국 허구는 사실의 기록으로서의 역사가 미처 담아내지 못하는 삶의 속내를 그려내면서, 역사 속 인간들의 진실을 만나려는 우리의 욕망에 답한다. 역사가 아폴론적 이성이라면, 허구는 디오니소스적 취기와 같다. 인간이 취기를 빌어 속내를 이야기하듯, 역사는 때로 허구의 취기를 빌어 깊은 진실을 드러내지 않겠는가(하지만 취기가 지나치면 허구는 역사를 왜곡하게 된다. 역사 드라마가 언제나 역사왜곡 논란에 휩싸이는 것은 이 때문이다).

보이는 것만이 진실이 아니듯, 역사의 빛에 가려진 것들의 이야기, 이름 없이 사라져간 사람들의 이야기는 그렇게 허구 속에서 살아난다. 역사가 이루어진 것을 이야기한다면 허구는 욕망된 것을 이야기한다!

│ 「주몽」과 「대조영」, 북방 드라마가 꾸는 꿈 │

역사는 오래 전부터 TV 드라마가 즐겨 사용하는 소재였다. TV 사극의 주인공은 당연히 역사의 흐름을 이끌어간 제왕들이다. 「용의 눈물」 이후 이어진 「태조 왕건」 「제국의 아침」 「명성황후」 등의 대하 역사 드라마는 우리가 교과서에서 배워온 추상적인 역사에 구체적인 살을 입혔다. 얼마 전 종영한 「대조영」 역시 발해라는 과거를 되살리며 시청자들의 호응을 얻었다.

이런 드라마들이 무엇보다도 인물들을 공적인 관계 속에서 그려냄으로써 그들이 만들어간 역사를 비교적 굵은 선으로 되살리려 한다면, '왕의 여자'들을 주인공으로 한 역사 드라마들은 사랑과 질투라는 사적인 코드를 권력 투쟁이라는 공적인 코드와 섞어 흥미를 유발해낸다. 장희빈이 등장하는 숙종조의 궁궐이 자주 극화된 것은 그 때문이다.

물론 여자들의 모습은 매번 조금씩 달라진다. 시각적 재현의 경우 극중 인물의 성격 이전에 이미 연기자의 개성 자체가 이미지 형성에 영향을 미치기도 하지만, 무엇보다도 모든 이야기는 그 안에 그려지는 인물에 대한 나름의 해석을 동반하기 때문이다. 그렇게 해서 '온화한 조강지처'와 '악독한 요부'라는 전형적 도식이 완화되면서 인간으로서 한 여자의 삶이 조명되기도 했지만, 여전히 이런 류의 사극은 궁궐 속 여인들의 삶을 지극히 사적인 공간에 묶어두면서 남성 중심의 이데올로기를 되풀이한다. 하물며 궁궐 속 여자들을 남자들이 끌고 가는 정(正)의 역사를 방해하는 사(邪)의 원흉으로 설정함으로써 가부장적 이데올로기에 면죄부를 준다는 의혹을 지우기 어렵다.

역사 속 인물들의 일대기를 그리는 경우, 역사의 흐름보다는 개인적 삶의 역정이 더 중요한 요소가 된다. 「허준」이나 「태양인 이제마」처럼 실존 인물의 전기(傳記)에 허구가 가미되기도 하고, 「대장금」처럼 기록에서 출발하지만 거의 허구인 인물의 이야기도 있다. 그러나 이런 차이는 어차피 중요하지 않다. 「해신」의 장보고가 과연 실제 장보고와 얼마나 닮았겠는가.

중요한 것은 이들의 지나간 삶을 현재 우리가 살아가는 삶과 연결시킨다는 것이다. 설사 허구의 인물이라 해도 사극 주인공들의 삶은 관객들을 현재의 역사 속으로 끌어들이는 것이다.

'퓨전 사극'이라는 새로운 스타일을 내건 드라마 「다모」를 보자. 한

성부 좌포청에서 다모로 일하는 관노가 주인공이고, 그 옆에 두 남자가 있다. 하나는 그녀를 마음에 품었지만 부하로밖에 대할 수 없는 좌포청 종사관이고, 또 하나는 어릴 때 헤어진 이후 혁명을 꿈꾸는 화적이 된 그녀의 오빠이다. 두 남자는 한 여자를 사이에 두고 맞서고, 또 관군과 화적으로 맞선다.

조선시대 어디쯤이라는 시대적 배경을 제외하면 모두 허구의 이야기이다(복장 역시 현대적 감각을 살리기 위해 과감히 역사성을 양보한다). 하지만 이 허구적 인물들이 살아가는 삶의 질곡은 무엇보다도 신분제 질서라는 역사적 현실에 뿌리박고 있다. 세 인물들이 보여주는 것은 역사적 과거로서의 삶이 아니라 예전에도 그렇고 지금도 그렇게 살아가고 있을 수많은 개인들의 삶인 것이다.

드라마 속의 사건은 허구이기 때문에 역사적 사실과 무관한 거짓이 아니라, 우리가 역사책에서 배우는 역사, 민족이라는 거대담론의 역사, 제왕과 영웅들이 주인공인 역사에 가려진 개인들의 진실을 보여주는 미시사적 기능을 한다.

「불멸의 이순신」의 경우 제왕과 위인들이 이끌어온 역사의 흐름을 조명하는 동시에 세상과 갈등하는 주인공의 내면의 고뇌를 그려내는 이중의 전략을 택한다. 이것은 물론 원작이 된 소설에 빚진 것이겠지만, 드라마는 유신정권에 의해 구국 담론의 주인공으로 재탄생한 무결점의 추상적 영웅이 아니라 역사 속 개인으로 실존적 선택에 내던져진 인간 이순신을 그려냄으로써 기존 사극의 단조로움을 극복해낸다.

더구나 이런 선택은 극중 인물의 삶에 보다 적극적인 현재성을 부여

이순신은 과거의 영웅이 아닌 오늘날의 대한민국을 구
할 영웅으로 사람들의 마음에 파고든다

하게 되고, 결과적으로 드라마 속 이순신과 그가 이끌어간 역사는 우리 사회의 무의식에 자리 잡은 일본에 대한 감정을 들쑤시며 위대한 과거의 꿈을 더욱 효과적으로 현재에 부활시킨다. 즉, 이순신은 더 이상 과거의 영웅, 역사 속의 추상적인 영웅이 아니라 오늘날의 대한민국을 구할 영웅으로 사람들의 마음에 파고든 것이다.

최근 TV의 '북방 드라마' 열풍 역시 같은 맥락에서 해석될 수 있다. 「주몽」「연개소문」「태왕사신기」그리고 「대조영」……. 굳이 동북공정과 맞물린 민족주의적 정서를 언급하지 않더라도, 우리에게 고구려는 다른 고대사와 다르다. 신라, 백제와 달리 고구려는 북방 영토라는 잃어버린 땅의 꿈속에 살아 있고, 또한 우리의 기원 신화 속에 살아 있기 때문이다. "아! 고구려!"라는 말에는 이 모든 꿈과 신화가 응축되어 있다.

중요한 것은 역사적 사실을 둘러싼 왜곡 논쟁 그 자체가 아니라, 「주몽」에 '꿈의 시청률'이라는 50퍼센트의 영광을, 또 「대조영」에 주말 저녁을 평정한 시청률을 바치면서 TV 앞에 앉은 시청자들이 무엇을 꿈꾸는가 하는 것이다. 고구려의 후예인 대조영의 민족주의적 사명감은 그나마 덮어준다 해도, 한나라 철기군에 맞서 싸우는 주몽의 그것은 거의 만화적 수준에 가깝다. 과연 당시 주몽에게 한나라는 같은 민족인 신라, 백제와 다른 의미의 적이었을까? 북방 드라마가 그리는 역사는 과거의 재현이 아니라 현재의 꿈으로 변형된 과거가 분명하다.

「한성별곡−正」, 현재형의 역사

역사를 이야기하는 허구가 진실을 담아내기 위해서는 언제나 허구와 역사 사이의 긴장을 필요로 한다. 이 긴장이 사라져버린다면 그것은 역사적 과거의 이해와 무관한 허구, 과거를 통해 현재를 이해하는 것과 무관한 허구가 될 것이다. 흔히 팩션이라 불리는 역사적 허구는 바로 그러한 긴장을 통해 지금까지와는 다른 방식으로 역사를 보는 관점을 제공한다.

영화 「황산벌」을 보자. 신라와 백제가 각기 다른 방언을 사용한다는 설정은 언어 유희에 민감한 코미디 장르의 특성상 손쉽게 희극적 상황을 만들어낸다. 하지만 이 웃음은 그렇게 관객을 웃게 하는 데서 멈추지 않고, 역사 속 과거로, 좀 더 정확히는 그 상황에 대한 현재의 해석으로 넘어간다. 의자왕과 삼천궁녀, 나라를 위해 목숨을 걸고 전쟁터로 나갔다는 화랑들, 가족을 먼저 베고 돌아올 수 없는 전투에 나섰다는 계백 장군……. 영화는 그동안 우리가 들어온 역사를 슬그머니 뒤집지 않는가.

영화 「다빈치코드」가 시도한 뒤집기는 파급효과가 더 컸다. 사실을 왜곡한다, 그냥 허구로 즐길 뿐이다, 라는 엇갈리는 말이 반복되면서 논쟁이 이어질수록 영화에 대한 관심이 증폭되고, 그럼으로써 오히려 흥행에 기여하기까지 했다. 이미 국내에서 원작 소설이 300만 부 가까이 팔려나간 상태에서 영화에 대한 상영금지 가처분신청이 나왔다는 데서도 알 수 있듯이, 영화라는 시각적 재현을 통해 구체화될 때 팩션의 영향력은 더욱 커진다(이 신청은 "우리 사회의 평균인이 가지고 있는 관념이 영화를 보는 과정에 변경된다고 보기 어렵다"는 이유로 기각되었다).

팩션 영화가 사람들이 사실로 믿고 있는 것을 뒤집기 위해 도전적 질문을 제기할 때, 기존의 믿음이 강할수록, 믿음을 뒤집으려는 도전의 충격이 강할수록 당연히 여파는 더 커진다. 더구나 이 영화가 뒤집으려 한 현실은 역사적 사실이라기보다는 신념의 문제에 속한다. 정서적 측면에서 볼 때 역사가 현재에 대해 어느 정도의 거리를 상정하는 것과 달리, 종교적 신념은 현재형으로 살아 있는 것이기에 더욱 민감할 수밖에 없는 것이다.

우리나라 역사를 소재로 한 허구 이야기 중 논쟁의 중심에 있는 것은 정조 임금일 것이다. 정조는 조선을 개혁하려 한 임금이며, 하지만 사도세자의 죽음을 둘러싼 정치적 갈등 속에서 불안한 삶을 살았고, 꾸준히 독살설이 제기되는 임금이다. 소설로 출간되어 1995년 영화화된 「영원한 제국」 이후, 2007년 한 해 동안 「한성별곡—正」과 「정조 암살 미스터리 8일」 외에도 「이산」이 방영중이다.

지금 이 시대에 이렇게 정조 임금이 되살아나는 이유는 무엇일까? 일차적으로는 그 죽음을 둘러싼 논란 때문이겠지만, 더 근본적으로는 그가 추구한 개혁이 현재의 정치 상황과 맞물려 여전히 현재성을 띠고 있기 때문일 것이다. 그가 못다 한 개혁에 대한 아쉬움이 크게 느껴질수록 그는 더 자주, 더 강렬하게 되살아날 것이다.

정조 임금이 못다 한 개혁에 대한 아쉬움이 크게 느껴질수록 그는 더 자주 되살아날 것이다

「한성별곡-正」은 한 걸음 더 나아간다. 드라마는 정조는 정말 암살되었는가, 정조의 개혁정책은 왜 좌절되었는가와 같은 물음을 전면에 내세우지 않는다. 중요한 것은, 제목이 말해주듯 그 시대 사람들이 꿈꾸었고 지금도 사람들이 꿈꾸고 있는 '올바름[正]'이다. 올바름은 왕을 둘러싼 정치적 상황이 아니라 시대를 살아간 다양한 사람들의 구체적인 삶을 통해, 그들의 신념과 소망을 통해 그려진다. 왕은 그중 하나일 뿐이다.

드라마 속 정조는 가진 자들의 기득권을 줄이고 민초들이 살 만한 세상을 만들고자 한 개혁군주이다. 그는 외롭다. 자기와 같은 꿈을 꾸는 자, 신념이 같은 자를 찾지 못하고 있기 때문이다. 정조의 정신적 스승이던 자는 개혁을 너무 앞서가서 역도가 된다. 군주의 존재 자체를 부정한, 너무 이른 공화주의자였던 것이다. 궁궐을 드나드는 대신들은 좋은 시절엔 권력을 잡는 것, 나쁜 시절엔 살아남는 것, 이 두 가지만이 존재이유인 호모 폴리티쿠스들이다. 시파와 벽파는 서로 싸우지만 이 점에서 사실상 한편이 된다. 왕의 죽음을 준비하고 빈 권력을 두고 대신들과 힘겨루기를 하는 대비도 마찬가지다.

이들이 끌고 가는 세상을 살아가는 두 젊은이가 이 드라마의 주인공이다. 민초들의 세상을 꿈꾸지만 현실을 거부하지 못해서 언제나 나약한 서얼 박상규는 이상과 현실 사이에서 끝없이 휘청거린다. 그가 절대 놓지 못하는 단 한 가지는 '인간'이다. 왕을 해치려는 자객을 베기보단 자기가 대신 칼을 맞고, 그래서 그 순진한 신념 때문에 왕을 아프게 하는 이 휴머니스트는 칼을 차고 다니는 군관이지만 그 칼을 뽑지는 못하는 이상한 군관이다. 그래서 마지막에 결국 칼을 뽑았을 땐, 죽을 수밖에 없다.

또 한 젊은이는 기득권 없는 세상을 그저 꿈꾸기보다는 스스로 세상을 바꾸고 세상의 주인이 되고자 한 양만오이다. 그는 살주계(殺主契)의 폭력보다는 돈이 더 효과적인 무기임을 깨닫고 시전 행수가 되며, 기득권을 가진 자들을 이용하여 그들이 가진 것을 빼앗으려 한다. 당연히 나약한 군관과 반대로 저돌적 추진력을 가진다. 하지만 적을 이용하기 위해 결국 적과 닮아갈 수밖에 없다는 것이 태생적 한계이다. 그래서 주인으로 만들어주고자 한, 적이 아닌 자들의 또 다른 적이 되고 만다. 그의 타락한 프롤레타리아 혁명은 실패할 수밖에 없다.

이 두 젊은이가 사랑한 나영은 임금의 사상적 스승이던 아버지의 죽음 때문에 그동안 꿈꾸던 세상을 포기하고 자기 의지와 무관하게 임금 암살을 위한 살수(殺手)가 된다. 그러나 이 드라마는 나영의 행동 자체에는 큰 의미를 부여하지 않는다. 그녀가 거부했다 해도 어차피 이야기는 바뀌지 않기 때문이다. 나영은 행동하기보다는 오히려 두 젊은이를 연결하고, 아버지와 군주라는 두 기둥을 연결하고, 기득권을 가진 자들과 바꾸려는 자들을 연결하기 위해 존재한다. 모두의 꿈이 만나는 갈림길에, 그 추상성으로 존재하는 것이다.

이 점에서 「한성별곡–正」에서 가장 매력적인 인물은 차라리, 조연인 한성부 형방이다. 그는 가장 올바른 인물이고, 올바르게 행동하며, 그래서 모두의 올바름의 꿈을 떠안고 일찍 죽을 수밖에 없는 인물이다. 또 군관의 아기를 가지고 다음 세상을 기다리는 아름다운 해어화(解語花) 월향, 그리고 마지막에 대비 앞에 줄서지 않고 관모를 벗은 자, 이들은 서로 다른 방식으로, 정조가 꿈꾸었고 우리가 꿈꾸는 '푸른 솔'이다.

「태왕사신기」와 「불의 검」, 판타지에서 역사로

2007년 TV 드라마 최대의 프로젝트로 화제를 모았던 「태왕사신기」는 '역사 판타지'이다. 이미 「주몽」에서도 신당과 신물이 등장하면서 판타지적 요소가 개입되었지만, 「주몽」의 신녀들이 읽어내던 하늘의 뜻은 이야기 진행 자체에 영향을 끼치지는 않았다. 그때의 신당과 신물은 오히려 지금 우리가 종교를 믿듯이 당시 고구려인들의 생활상의 하나로 존재했다.

하지만 「태왕사신기」에 이르면, 상상 속의 판타지는 실제 있었던 일을 그리는 역사에 직접적으로 개입한다. 그 중심에 있는 것은 고구려 고분벽화에 그려진 네 가지 신성한 동물인 청룡, 백호, 주작, 현무이다.

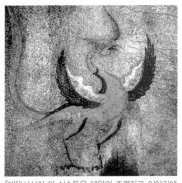
「태왕사신기」의 신수들은 태왕의 조력자로 이야기에
개입한다

사실 이 네 동물들이 등장한 것은 「태왕사신기」가 처음이 아니다. 유리왕과 대무신왕, 호동왕자로 이어지는 고구려 초기의 역사를 그린 김진의 만화 『바람의 나라』는 비정한 역사적 현실과 개인적 욕망 사이에서 갈등하는 인물들, 서로 사랑하지만 다가가지 못하는 인물들의 갈등을 신수(神獸)들의 싸움으로 그려냈다.

「태왕사신기」가 방영되기 전 이 만화에 대한 표절 논란이 일었던 데서 알 수 있듯이, 두 작품에서 공통적으로 네 가지 동물은 그저 배경이 아니라 구체적인 인물로 이야기에 개입한다. 「태왕사신기」의 경우, 네 동물이 서로 갈등하는 힘이 아니라 하늘의 뜻을 이룩하려는 태왕을 섬기는 조력자로 등장하는 것이 차이점이다.

CG 기술로 탄생한 스펙터클과 HD 화면의 즐거움을 만끽하게 해주는 아름다운 화면에도 불구하고, 역사 드라마로서의 「태왕사신기」의 작품성에 대해서는 상반된 견해가 있다. 물론 또 하나의 북방 드라마로서 민족주의 신화에서 자유롭지 못한 것도 사실이다. 한류 속에서의 한국 드라마의 현실이라는 측면에서도 비판의 목소리가 있다.

그럼에도 불구하고 역사 판타지로서 「태왕사신기」가 갖는 미덕은 판타지를 역사로 만듦으로써 역사를 신비화하기보다는, 오히려 역사를 판타지 속으로 끌어들임으로써 하늘의 이야기를 인간의 이야기로 만든 데 있다고 말할 수 있다. 드라마 끝에서 인간이 하늘을 기다리기보다는 이제 하늘이 인간을 기다리게 되리라는 태왕의 말이 보여주듯, 「태왕사신기」는 하늘의 뜻으로부터 자유롭고자 하는 인간들의 이야기라는 실존적 메시지를 담고 있다.

김혜린의 만화 『불의 검』도 유사한 의미를 담아낸 역사 판타지이다. 인간이 하늘의 뜻을 읽고 따르던 시대의 이야기이기에 판타지이고, 인간이 하늘의 뜻과 갈라서는 시대로 안내하는 이야기이기에 역사이다.

김혜린의 역사 삼부작[1](『테르미도르』, 『비천무』, 『불의 검』) 여정의 종착점이라 할 수 있는 이 작품은 청동기에서 철기로 넘어가는 시기에 아마도 한반도의 북쪽 어딘가에 있는 부족국가의 이야기이다. 주인공 가라한과 아라의 사랑 이야기가 전면에 나와 있기는 하지만, 김혜린의 멜로는 언제나 역사 이야기 속에 통합된다.

더욱 중요한 것은 기원의 이야기인 이 신화적 세계에서 역사를 세워나가는 세 젊은이들의 이야기이다. 아무르 족의 전사 가라한, 왕 마리한, 신녀 소서노. 하지만 이들은 초인적 존재 혹은 무결점의 영웅이라기보다는 주위 사람들의 도움으로 완성되는 영웅이며, 스스로 그것을 받아들이는 인간적인 영웅이다. 그래서 『불의 검』을 만들어내는 것은 이 세 사람 주위에 배치된 많은 사람들이다. 남자들이 창검을 들고 나

---

1 김혜린의 역사 만화는 가상 제국의 혁명을 그린 데뷔작 『북해의 별』에서 시작된다. 이후 프랑스 혁명을 그린 『테르미도르』는 마라, 당통, 로베스피에르 등 실제의 인물이 환기하는 역사와 그렇게 설정된 역사 속을 살아가는 허구의 인물들이라는 두 가지 축을 바탕으로 한다. 김혜린 특유의 본격적인 역사 만화는 『비천무』에 이르러 비로소 완성된다.

가 싸울 때 생명력과 연대의식으로 살아남는 여인들, 세상이 인정하지 않는 방법으로라도 삶의 아름다움을 지키려고 애쓰는 사람들, 야망과 의무 사이에서 흔들리지만 스스로 반성할 줄 아는 사람들……. 그들의 삶이 바로 역사를 이루기 때문이다. 심지어 뒤틀린 방식으로 삶의 의미를 찾는 인물들에 대해서도 작가는 따뜻한 시선을 잃지 않는다.

한마디로 김혜린이 그리고자 하는 것은 역사 속의 개인이 감당하는 실존의 무게라고 말할 수 있다. 군왕이든 '일개 무부(武夫)'이든, 민초이든, 모두가 똑같이 짊어진 무게 말이다.

『비천무』의 주인공 진하는 명나라 건국을 눈앞에 둔 주원장 앞에서 "수없이 살인을 했으나 누구나 피는 붉더이다"라고 말한다. 그렇기 때문에 승자나 패자가 그다지 다를 것이 없고, 그래서 또 다른 주인공 남궁은 자신이 선택한 주군의 몰락을 맞이하면서 "승자의 편이 아니라 해서 서운해 할 필요는 없다"고 말한다. 인간은 역사 속에서 자기의 몫을 감당하면서 시련을 통해 성장할 뿐이다.

이것은 김혜린의 만화에 역시 일관되게 등장하는 세대의 문제로도 연결된다. 『비천무』에서 부모들의 상처를 고스란히 물려받은, 그러나 그렇게 해서 자라나는 그들의 아들을 보여줌으로써 다음 세대로의 문을 열어놓았다면, 『불의 검』의 결론은 수많은 사람들의 피로 얻어낸 평화의 가치를 보여주는 동시에 언제든 다시 시작할 수 있는 시련을 암시한다.

「서울 1945」, 역사에 대한 예의?

　　　　오래된 과거와 달리 근현대사를 허구화하는 것은 좀 더 섬세한 작업을 필요로 한다. 여전히 살아 있는 과거이며 미처 아물지 못한 상처를 건드리게 되기 때문이다. 물론 「쉰들러 리스트」로 대표되는 수많은 홀로코스트 영화들이 보여주듯이, 상처를 건드리는 작업이 오히려 하나의 의식이 되어 카타르시스를 제공할 수도 있을 것이다.

　하지만 그런 역할을 거부하고 현재 속의 상처를 그대로 드러내는 이야기도 있다. 아트 슈피겔만의 만화 『쥐(Maus)』를 보라. 거의 날것으로 드러나는 홀로코스트의 내용이 그것을 그려내는 거칠도록 무감한 그림들과 대조를 이루면서, 독자들이 느끼는 참혹함은 더욱 강해진다.

　한 걸음 더 나아가면, 홀로코스트에서 살아남은 아버지보다는 그것을 만화로 그리는 아들이 독자들의 감정이입의 대상이 되면서, 이 만화의 재현은 보다 직접적으로 우리의 현재를 건드린다. 그가 아버지에 대해 느끼는 애증 그러니까 그 지독한 연민과 부채감, 그리고 그와 공존하는 성가신 이질감은(이 두 가지는 핏줄이라는 거부할 수 없는 끈에 묶여 있다) 아마도 스스로의 과거 앞에 선 우리의 마음일 테고, 우리를 만들어 낸, 그러나 지금 우리가 아닌, 역사 앞에 선 우리의 마음일 것이다.

　우리의 역사에서도 한국전쟁이나 군사정권기 같은 근현대사의 상처들은 많은 허구적 이야기의 소재가 되었고, 앞으로도 끝없이 이야기될 것이다. 「여명의 눈동자」나 「태극기 휘날리며」가 역사의 격류에 휩쓸린 개인들의 삶을 보여주었고, 「웰컴 투 동막골」과 「공동경비구역

아트 슈피겔만의 만화 「쥐(Maus)」는 현재 속의 상처를 그대로 드러낸다

JSA」는 분단에 대한 생각을 뒤집어보는 계기가 되었으며, 「박하사탕」이나 「효자동 이발사」는 평범한 사람들의 삶이 암울한 시대의 권력에 의해 어떻게 희생당하는지를 보여주었다. 이런 영화들은 공통적으로 반공, 단합, 발전이라는 거대담론에 눌려 기억 깊숙이 가라앉아 있던 과거를 되살려내면서 그 어떤 역사책보다 더 호소력 있는 역사 텍스트가 되었다.

역사적 사건을 시대 배경으로 하여 허구의 인물들이 등장하는 이런 경우와 달리, 우리 역사의 쟁점이 되는 사건들 자체를 재현하는 작업은 좀 더 험난하다. 근현대사를 다루는 드라마들이 흔히 가능한 한 허구적 요소를 배제하는 듯한 형식을 선택하는 것은 바로 이런 이유 때문일 것이다. 물론 「제5공화국」이 보여주듯 다큐멘터리 스타일이 역사적 사실에 대한 왜곡 문제를 해결해주는 것은 아니지만, 상처를 바라보는 비교적 건조한 시선은 관객들에게 생각할 몫을 남겨두며 조심스레 상처를 드러내는 작업이라고 할 수 있다.

이 점에서 10. 26 사건을 소재로 한 영화 「그때 그 사람들」의 부진은 시사하는 바가 크다. 대통령 시해 장소에 있었다는 여가수의 노래를 연상시키는 제목의 이 영화는 영화 속에 삽입된 다큐멘터리 부분이 영화의 내용 전체를 사실로 받아들이게 할 수 있다는 이유로 삭제 명령을 받았고, 그에 대한 항의의 뜻으로 문제의 장면을 검은 화면으로 처리한 채 상영되었다.

하지만 이 영화가 관객의 호응을 받지 못한 것은 이런 법적 논란이나 영화 속 인물들에 대한 평가 자체와 관련된 문제라기보다는, 미처 아물지 못한 과거의 상처를 다루는 시선 자체의 문제였을 것이다. 여전히 열려 있는 상처를 코미디로 재현해낸 이 영화는 관객들에게 웃음의 카타르시스를 안겨주는 데도, 권력의 덧없음을 느끼게 하는 데도 성공하지 못했다.

해방 전후의 격동기를 그린 드라마 「서울 1945」 역시 역사를 바라보는 시선이 순진하다 못해 거칠다. 이 드라마는 (실존 인물을 모델로 한) 허구적 인물들을 내세우는데, 문제는 이들이 지금의 우리를 만든 역사적 현실에 너무 깊숙하게 개입한다는 것이다.

주인공 최운혁은 여운형의 오른팔이고, 그와 연적이며 친구인 또 다른 주인공 이동우는 이승만의 측근이며, 이 두 사람의 적인 박창주는 장택상의 행동대장이다. 물론 이들은 그 시대를 살아간 대표적인 인물 유형들이라고 할 수 있다. 최운혁이 노동자 계급 출신으로 좌파 엘리트의 길을 걷는 지식인이라면, 이동우는 친일파의 후손으로 이념에 얽매이기를 거부하는 우파 지식인이고, 박창주는 개인의 영달을 위해 조국을 버린 일제시대의 순사에서 해방된 조국의 경찰로 변신하여 권력을 누리는 인물이다.

하지만 시대의 격랑을 헤쳐 나가는 이 인물들을 중심으로 한 드라마의 극적 구성은 불행히도 이들의 내면을 설득력 있게 그려내지 못한다. 함흥, 레닌그라드, 서울, 평양을 오가는 최운혁의 드라마틱한 삶은 객관적 시선의 거리도 내적 고뇌에 공감하는 시선도 얻지 못한다. 그를 사랑하는 두 여자의 욕망도 마찬가지고 순박하고 평범한 시골 청년을 악질 형사로 변모시키는 '아가씨'를 향한 박창주의 욕망도 지극히 피상적이다.

이렇게 내적 설득력을 지니지 못한 인물들이 역사의 주역이 되어 여전히 상처로 남아 있는 역사를 전달할 때 시청자는 당혹스럽다. 그리하여 이야기의 논리가 성격에서 기인한 필연성이 아니라 우연의 지배를 받을 때, 하지만 그렇게 그려진 인물들의 행동이 역사의 흐름을 바꾸는 주역이 될 때, 당혹감은 모욕감으로 바뀐다.

「제5공화국」이 나름대로 건조한 시선을 통해 역사적 현실과 거리를 설정함으로써 보통 사람들의 해석의 여지를 남겨놓은 것과 달리, 또한 그 반대로 「여명의 눈동자」나 「모래시계」가 허구적 인물을 동원해서라도 역사의 질곡을 헤쳐 나가던 과거를 생생하게 재현해낸 것과 달리, 「서울 1945」는 너무 거칠다. 뿐만 아니라 역사에 대한 예의를 생각하게 하고, 그래서 우리를 불편하게 한다.

판타지, 환상과 현실 사이

　　꿈과 현실의 경계는 어디인가? 꿈 같은 현실이 있고, 현실이 꿈일 수도 있다. 눈에 보이는 물질적 현실이 있는가 하면 보이지 않는 심리적 현실도 있다. 미래를 향한 꿈이 있는가 하면 밤에 꾸는 꿈도 있다.

　꿈은 현실에서 이루지 못한 우리의 욕망을 상징적으로 실현한다고 프로이트는 말한다. 물론 여기에 압축, 치환, 상징화 같은 꿈 작업이 들어간다. 현실에서 억압된 욕망을 그대로 실현하기에는 낯부끄러운 것들이 많기 때문이다. 여기서 꿈과 현실의 경계는 흐릿해진다.

　산다는 것이 아프고 힘들고 단조로울 때, 꿈은 우리를 어루만지고 달래주며 즐겁게 한다. 그때 꿈은 현실의 고통과 단조로움에 맞서 삶의 평화를 지키는 수호자 노릇을 한다. 그 꿈이 바로 신화나 전설이 되고 동화가 되는 것이다. 다시 말하면, 세상의 기원에 대한 무지의 고통은 신화를 만들고, 단조롭고 가혹한 생존의 고통은 전설이나 동화 같은 이야기를 만들어낸다. 거기에는 온갖 신들과 괴물 그리고 마법이 등장하

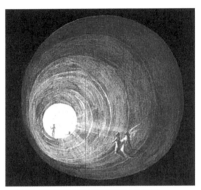
판타지는 낯설지만 매혹적인 현실의 분신이다

고, 현실을 위협하지 않으면서 현실의 억압을 해소하는 또 다른 현실이 그려진다.

이제 21세기, 이성과 과학의 힘으로 신화적 세계에서 해방된 인류, 첨단 테크놀로지로 무장한 인류가 여전히 판타지에 열광하는 것은 무엇 때문일까? 판타지가 보여주는 또 다른 현실, 더 정확히 말하자면 현실을 거대하게 증폭해서 만들어진, 과장되고 낯설지만 매혹적인, 현실의 분신은 우리에게 무엇을 주는가?

악당을 벌하고 지구를 구하는 「슈퍼맨」이나 「배트맨」 같은 초인의 이야기처럼 우리의 현실을 더욱 굳건한 것으로 만들어주는 판타지도 있다. 이러한 판타지에서 꿈의 논리는 자본주의적 상업논리와 결합하여 현실의 모순과 억압을 감추고 왜곡한다. 혹은 「고질라」나 「에일리언」처럼 현실을 침범하는 괴물의 판타지는 현실의 불안과 고통을 상징적으로 드러내는 은유가 되기도 한다. 이에 비해 「해리포터」와 「반지의 제왕」은 현실을 넘어서는 마법세계, 혹은 현실 이전의 시원적 시간을 그려낸 서사적 판타지이다. 그것은 절대적 가치로서의 선과 악이 싸우는 세계이며, 인간의 실존적 투쟁을 신화화한 세계이다. 신화는 고대의 판타지이며 판타지는 현대의 신화이다.

모든 것이 합리성의 틀 속에 정리되는 이 시대에 판타지의 귀환은 무엇을 의미하는가? 그것은 어쩌면 '위대한 리얼리즘의 승리'가 빛을 잃은 시대에 '총체성'의 환상을 심어주는 퇴행적 현상일지도 모른다. 현실 속에서 불안과 환멸이 짓누를수록 판타지는 매력적일 것이다. 무릇 문화란 프레드릭 제임슨의 말처럼 사회적 모순의 상징적 해결이 아닌가.

│ 비(非)인간, 인간적인 것의 피안 │

판타지의 세계에는 인간과 닮았으면서도 낯선 존재들, 인간이 아니면서 인간처럼 살아가는 것, 혹은 인간처럼 생겼지만 인간이 가질 수 없는 힘을 지닌 것이 등장한다. 인간과 비슷하지만 그 낯섦을 통해 인간의 이질성을 온몸으로 드러내는 비인간들이다. 이들은 흔히 괴물의 형상으로 나타난다.

그런데 인간을 괴롭히는 괴물들의 출현은, 에일리언처럼 외계에서 온 괴물도 있지만 대부분 인간이 스스로 자초한 것이다. 괴물의 원조격인 프랑켄슈타인은 인조인간을 만들고자 한 인간의 오만이 만들어낸 작품이며, 한강의 괴물 역시 인간이 강물에 쏟아 부은 독극물이 만들어낸 것이 아닌가.

흔히 '괴수 영화'라고 불리는 장르를 대표하는 「고질라」와 「킹콩」에서도 괴물의 상징성은 그대로 드러난다. 두 괴물의 등장은 사건이나 사고라기보다는 일종의 재앙이다. 화산이 폭발하고 해일이 밀려들어오는 것처럼 인간의 힘으로 막을 수 없는 엄청난 힘의 상징인 것이다.

킹콩의 상징성은 인간의 힘으로 막을 수 없는 엄청난 힘을 의미한다

하지만 그 재앙을 초래한 원인이 다름 아닌 인간일 때 두려움은 죄의식과 뒤섞이게 된다(이 점에서 이무기가 용으로 승천한다는 설화에서 출발하는 「디워」의 세계는 괴수의 출현으로 야기되는 재앙이라는 측면에서는 기존 괴수영화와 동일하지만, 기본적인 도식은 차라리 판타지 소설의 세계에 가깝다). 핵의 비극을 겪은 일본의 관객들에게 핵실험으로 깨어난 고대의 동물 고질라는 하늘의 분노를 전해주었을 것이다.

마찬가지로, 원시 자연 속의 킹콩을 마천루 사이로 불러들인 것도 인간이다. 하지만 「킹콩」의 경우 관객이 느끼는 재앙의 힘은 「고질라」보다 약할 수밖에 없다. 킹콩이 살던 땅과 옮겨온 땅은 무엇보다 자연(혹은 야만)과 문명이라는 서구적 대립구도 속에서 설정되며, 그렇게 해서 눈앞에서 벌어지는 재해의 광경은 문명의 폭력을 고발하는 상징성을 얻기보다는, 야만을 문명의 스펙터클로 소비하게 만들기 때문이다.

더구나 아름다운 금발 여인과 야수의 사랑이라는 보다 안전한 도식까지 더해진다. 가장 최근작인 2005년 판 「킹콩」이 보여주듯, 도시로 생포되어온 괴물이 인간들의 탐욕의 상징인 마천루 꼭대기에서 세상에 맞서는 마지막 싸움을 벌일 때, 여자를 지키려는 킹콩의 눈길은 바로 멜로적 연인의 그것이다. 이 변종 「미녀와 야수」는 야생의 괴물이 사랑을 알게 되는 과정을 인간적인 것으로의 변화로 그리면서, 사랑의

찬가와 문명의 찬가를 동시에 완성한다.

본격 판타지로 큰 성공을 거둔 「해리포터」의 경우, 환상이 현실에 침입하는 것이 아니라 이야기의 축 자체가 환상적인 마법세계로 이동한다. 런던 어느 기차역 플랫폼에서 벽을 지나 도착한 그 세계는 경이로운 경치, 인간과 공존하는 기이한 비인간들, 신기한 퀴디치 게임 같은 낯선 매력으로 가득 차 있다. 그리고 그 안에서, 마법학교를 배경으로 한 아이들의 성장 드라마는 죽음을 통해 세상을 지배하려는 악의 화신 볼드모트와의 싸움이라는 초자연적 모험과 결합한다. 「해리포터」의 세계는 다분히 동화적 마법세계이지만, 이렇게 해서 우주의 근원과 결부된 선과 악의 대결로 연결될 채비를 갖춘다.[1]

전 세계적으로 인기를 끈 또 다른 판타지 「반지의 제왕」은 상당 부분 「해리포터」와 유사하지만, 두 이야기가 그려내는 세계는 분명히 다르다. 「반지의 제왕」은 인간이 호빗, 엘프, 드워프, 나즈굴 같은 여러 비인간 종족들과 함께 살아가던 신화적 세계를 배경으로, 세상을 파멸시킬 수 있는 절대적 힘을 가진 반지를 둘러싼 모험을 그린다.

반지가 악의 군주 사우론의 손에 들어가지 않도록 파괴하는 임무를 띤 반지원정대의 길고 험난한 여정이 절대선과 절대악의 대결, 선의 승리, 영웅의 귀환을 그릴 때, 이 판타지는 인류의 아득한 기원을 노래

---

1 하지만 「해리포터」의 판타지는 여전히 현실과 연결된 끈을 완전히 놓지 못하는 것 같다. 이야기 제일 처음에 등장했던 해리포터의 현실이 이어진 비현실을 여전히 끌어안고 있기 때문일까, 어쩌면, 모든 이야기가 해리포터라는 아이의 환상이 아닐까, 어쩌면 제일 처음 등장했던 심술궂은 이모네가 사실은 해리포터의 친부모가 아닐까, 그러니까 프로이트가 말하는 '가족 로망스'적인 환상이 이 모든 이야기를 만든 게 아닐까…….

한 한 편의 서사시처럼 다가온다. 루카치의 말대로 영웅의 모험을 그리던 서사시의 시대가 끝나버린 오늘날, 판타지는 여전히 사람들 마음 속 깊은 곳에 남아 있는 신화적 세계, 태곳적 영웅들의 모험을 그린 서사시적 세계에 대한 향수에 응답하는 것이다.

우리나라의 판타지 소설 중에서도 이영도의 『눈물을 마시는 새』는 『반지의 제왕』에 비길 만한 서사시적 세계를 구현해낸다. 이 판타지는 각자 생존의 조건이 다르고 삶의 방식이 다른 네 종족, 즉 인간, 도깨비, 레콘, 나가가 함께 살아가는 세계를 배경으로 한다. 그중 가장 강한 것은 성년에 이르면 심장을 적출하기 때문에 불멸을 얻은 나가들이다. 이들은 천 년 전 대확장전쟁을 일으켜 인간들의 왕국을 멸망시켰고, 그렇게 해서 나가들이 살고 있는 키보렌과 나머지 세 종족이 살고 있는 북쪽으로 나뉜 세계에서 네 종족의 운명을 건 거대한 음모와 모험이 시작된다.

이영도의 첫 판타지 소설 『드래곤 라자』가 어린 화자의 시선을 통해 신화적 세계를 유쾌하게 그려냈다면, 『눈물을 마시는 새』의 화자는 등장인물들과 사건에 대해 전체적으로 균일한 거리를 유지하면서 보다 스케일이 큰 세계를 그려낸다. 네 종족의 삶을 재현하는 현미경 같은 세밀하고 분석적인 시선과 인물들의 갈등을 따라가는 훨씬 더 역동적인 흐름이 조화를 이루고 있고, 의도적으로 사용된 듯한 의고적인 번역 투의 문체는 시공간적으로 낯선 세계의 이질성을 언어적으로 구현한다.

서사시적 판타지가 신화와 마찬가지로 최초의 혼돈과 창조, 그리고 인류의 탄생에 이어진 타락과 고난, 그리고 종족간의 거대한 전쟁을 이야기한다고 할 때, 그런 이야기에 등장하는 수많은 비인간들, 더 정확히는 그들의 낯섦은 결국 인간을 비춰주는 거울이 될 것이다. 이영도 스스로 말했듯이, 판타지 속의 비인간들은 "인간의 욕망을 발산하는 사냥의 제물"이 아니라 "인간 밖에서 인간과 세계의 대화를 매개하거나 촉구하는 자들"이며, "인간이 자기 스스로를 알게 하기 위해 제물로 바쳐지는 희생양"인 것이다.

여기서 우리는 인간적인 것의 피안을 그리는 판타지는 결국 다른 방식으로 인간을 그리는 이야기라고 말할 수 있다. 서사시적 판타지는 태곳적 기원의 시간에 선과 악이 세상의 주도권을 놓고 벌이는 치열한 전투의 세계를 보여줌으로써 오늘날 우리가 살아가고 있는 현실을 드러내는 것이다. 판타지로서의 「매트릭스」가 지니는 상징 의미도 그러할 것이다. 거대한 톱니바퀴에 맞춰 돌아가는 현실의 나약함을 거대한 음모와 맞서 싸우는 꿈으로 달래는 것 말이다. 어쩌면 현대인은 판타지를 통해 세상과 대결하는지도 모른다.

│ 먼치킨, 힘의 판타지 │

흔히 '동양의 판타지'라 불리는 무협지 역시 대중적 인기를 얻고 있는 판타지의 한 갈래이다. 물론 무협지가 중국 무림을 배경으로 하는 중국의 대중소설을 기원으로 한다는 점에서, 국내에서 창작된 무협지의 정체성에 대해 논란의 여지가 있는 것도 사실이다.

하지만 무협지적 상상력은 이미 우리의 상상세계에 깊이 스며들어 있기 때문에 외래적인 것으로만 간주하기도 어렵다. 무협소설의 세계는 절대의 힘을 향한 여정을 그린다는 점에서 서사시적 판타지에 포함될 수 있지만, 개인의 욕망과 갈등을 다루고 있다는 점에서는 근대소설의 특성도 지닌다. 그렇게 해서 무협소설은 "한국 중산층의 비개성적 허무주의의 발로"로 읽히기도 하고, "꿈과 전망을 잃어버린 시대의 대중적 서사시"로 읽히기도 한다.[2]

어쨌든 무협지가 독자의 은밀한 욕망을 건드리는 장치는 다분히 전형적이고, 그래서 무협지의 세계는 주어진 구도를 반복하는 단순한 세계이다. 출생을 덮친 비극, 운명에 이끌리듯 무공의 길에 발을 들여놓기, 스승의 가르침, 끝없이 닥쳐오는 시련을 이겨내기, 천하를 호기롭게 떠돌기, 그리고 그 안에서 찾아오는 기연들, 특히 영웅호걸 주위를 맴도는 여인들과 만나기, 그리고 마침내 절세 무공을 완성하기……. 이 모든 이야기의 바탕은 바로 선(善)과 힘의 만남이며, 그 위에서 이야기를 진행시키는 것은 절대적 힘을 향한 욕망이다.[3]

무협지적 도식은 여러 가지 이야기 속에서 반복된다. 소설 『인간시장』의 주인공은 타락한 세상이 깨워낸 영웅으로, 매번 악인들과의 대결에 몸을 던진다. 도원향을 향해 요괴들을 물리쳐가는 『최유기』도 그

---

2 김현, "무협소설은 왜 읽히는가: 허무주의의 부정적 표출"(『세대』, 1969년 10월호) ; 조성면, "무협만화와 영웅소설, 또는 꿈과 전망을 잃어버린 시대의 대중적 서사시"(『무협소설이란 무엇인가』, 예림기획, 2001)의 제목에서 인용된 표현들이다. 전형준, 『무협소설의 문화적 의미』(서울대학교출판부, 2003)는 그동안 이루어진 무협소설에 관한 견해들을 종합하고 분석하면서 무협소설이 갖는 문화적 의미를 탐색한다.

렇고, 『포켓몬스터』 역시 사전이 필요할 정도로 끊임없이 등장하는 수많은 몬스터들의 이름에도 불구하고 결국 이 세상의 모든 몬스터를 통제하는 몬스터 마스터가 되기 위한 대결의 여정이다.

드라마에서도 예를 들어 몇 년 전 「야인시대」가 많은 남성 시청자들을 TV 앞으로 불러 모을 수 있었던 데는 힘의 대결이라는 익숙한 도식의 매력이 기여했을 것이다. 사건이 진행되는 과정에서 어쩔 수 없이 결투가 이루어지기보다는, 결투 그 자체에 의해 질서를 바꾸는 과정이 이야기의 주축이 된 것이다.

삶의 복잡한 현실이 소거된 단순한 세계 안에서 힘의 대결을 통해 시련을 극복해내는 영웅을 보여주는 이러한 이야기는, 할리우드의 많은 재난영화들이 그렇듯 우리를 편안하게 해준다. 고구려 드라마 돌풍을 이끈 「주몽」 역시 같은 관점에서 볼 수 있다. 해모수와 금와왕을 둘러싼 출생 이야기와 무공으로의 입문을 이끌어준 스승의 존재(여기서는 두 가지가 합해져서 스승과 아비는 동일인이다), 그리고 부모—스승의 원수를 갚고 미완성의 대업을 완성해야 한다는 의무가 이야기를 이끌어간다.

영웅의 여정은 당연히 힘의 대결에 의한 세계의 재편이다. 힘의 대결은 관계 설정의 시작이요 끝이기 때문에, 적이 아닌 자들끼리도 대

---

3 '신무협'이라 불리는 새로운 경향의 무협지에서는 이러한 전통적 도식이 약화된다. 무협만화 『열혈강호』의 주인공 한비광은 그 단적인 예를 보여준다. 한비광은 무공을 쌓기 위해 애써 수련하지 않는다. 물론 한번 본 무술은 그대로 따라할 수 있는 무술의 천재이기 때문에 그것은 문제가 되지 않는다. 복수 같은 목적의식도 없고, 강한 무공을 꿈꾸지도 않는다. 시련을 겪으면서 커가는 영웅이 아니라 그저 그때그때 살아남기 위해 싸울 뿐이다. 그는 냉소적 유머를 지닌 인물로, 때로 야비하고 비굴하기까지 하다.

퓨전 판타지는 무협지적 구도를 마법적 힘과 연결한다

결은 필수적이다. 심지어 나라를 세우기 위해 새로운 신하를 얻을 때도, 대결에서 패한 자는 바로 무릎을 꿇고 주군을 받아들이지 않는가. 악은 때로 올바른 대결을 피해 사술을 쓰기도 하지만, 영웅에게는 문제가 되지 않는다. 영웅은 오직 올바른 방식으로 모든 역경을 헤쳐 가며, 모든 대결에서 결국은 승리하게 된다.

이러한 무협지적 구도는 톨킨류의 마법세계를 한국화한 판타지, 흔히 '퓨전 판타지'라고 부르는 새로운 장르에 이르러 마법 판타지의 세계와 결합한다. 무협지적 비급에는 마법적 힘이 부여되고, 그야말로 비현실적인 힘의 향연이 벌어지는 것이다.

손을 떠난 검을 자유자재로 조종하고, 수천 개의 칼날을 받아치고, 음속보다 빨리 달리기도 하고, 거친 파도를 한 순간 잠재우고, 모든 드래곤이 달려들어도 손쉽게 물리치고……. 마법세계와 강호(江湖)를 오가는 주인공들은 이제 도저히 믿기 어려운 괴력을 지닌 '먼치킨(mun-chkin)'[4]으로 거듭난다. 하기야 배트맨도 슈퍼맨도 이미 먼치킨이다. 우리는 이렇게, 환상과 현실 사이에 서서 먼치킨에 열광한다. 정의가 강하지 못할 땐 강한 자라도 정의로워야 하지 않은가!

---

4 '먼치킨'은 원래 「오즈의 마법사」에 등장하는 가상의 나라인 먼치킨 나라의 주민을 뜻하며, 흔히 '어린이' '작은 반죽' 등을 의미한다. 판타지 문학에서 먼치킨은 마치 먼치킨 나라에서처럼 믿을 수 없는 일들을 가능하게 하는 괴력을 가진 인물을 말한다.

│ 악령 쫓아내기 혹은 원혼 달래기 │

　　　　내가 속한 현실에서 벗어나는 것은 낯설다. 때로 그 낯섦은 경이로움 대신 야릇한 불안감이나 두려움을 낳기도 한다. 프로이트는 「두려운 낯설음」이라는 글에서 무의식 속에 억압되어 있던 것이 촉발될 때 일어나는 감정으로 공포를 설명한다. 공포는 새로운 것이 아니라 억압되었다가 되살아나는 것에서 촉발된다는 것이다.

　억압되었다는 것 자체는 이미 현실을 위협하는 요소임을 의미한다. 밤, 무덤, 시체……, 우리가 이런 것을 두려워하는 것은 무엇보다도 우리의 무의식 속에 숨어 있는 죽음에 대한 공포를 들쑤시기 때문이다. 삶 너머에 있으나 삶과 떨어질 수 없는 죽음의 이야기, 삶의 그림자로서의 죽음의 이야기는 이렇게 해서 공포 판타지를 낳는다.

　기원의 신화를 그리는 서사시적 판타지가 하늘을 향한 인간의 꿈에 응답한다면, 공포 판타지는 현실이 발 딛고 선 땅속, 근원적 두려움의 대상들이 차곡차곡 쌓여 있는 지하세계를 향한다.

　귀신이나 악령은 그러한 판타지를 형상화하는 구체적인 예이고, 그래서 공포영화의 단골 소재가 된다. '오컬트' 영화의 고전인 「엑소시스트」가 보여주듯, 인간 존재를 위협하는 (더구나 대형 스크린 위에 시각적으로 재현된) 악의 힘과 마주친 관객들은 엄청난 공포를 체험하게 된다.

　드라큘라로 대표되는 흡혈귀 역시 고대의 민담에서 최근의 대중영화에 이르기까지 서양의 공포 이야기 속에 자주 등장한다. 흡혈귀는 무엇보다도, 육체가 없거나 산 자의 육체를 빌리는 보통의 악령들과 달리,

악령은 우리 무의식 속에 숨어 있는 죽음에 대한 공포를 들쑤신다

스스로 산 사람과 같은 육체를 지닌다. 이것은 언제든 인간들 사이에 소리 없이 끼어들 수 있다는 뜻이며, 이러한 모호성은 더욱 은밀한 공포의 요인이 된다.

또한 인간의 생명의 상징이자 죽음의 상징인 피를 빠는 행위는 육체의 접촉이라는 요소를 끌어들이면서 관능성의 자리를 마련하게 되고, 그렇게 해서 흡혈귀 이야기는 현대의 대중영화 속에서 남녀의 성애 이야기와 쉽게 결합한다. 나아가 흡혈귀에게 물리면 흡혈귀가 된다는 전염성은 결과적으로 가해와 피해, 선과 악의 구분 자체를 모호하게 하면서 다양한 상징성을 낳게 된다.

SF 호러의 고전인 「에일리언」시리즈에서처럼, 악령은 때로 SF적인 괴물로 구현되기도 한다. 미래의 어느 날 지구로 귀환하는 우주화물선에서 벌어지는 외계 괴물과의 싸움을 그린 이 영화에서 가장 공포스러운 것은 역시 생물이라 할 수도 없고 기계라 할 수도 없는 끔찍한 괴물의 모습이다. 아무리 공격해도 없어지지 않는 괴물은 절대 이겨낼 수 없는 악의 상징이 되어 관객들을 무력감 속에서 쫓기는 희생자가 되게 한다.

더욱 충격적인 것은 그 괴물이 번식하려면 바로 인간의 몸이 숙주가 되어야 한다는 사실이다. 사람의 몸속에서 배양되어 결국 몸을 뚫고 나오는 에일리언의 모습은 외부에서 공격하는 그 어떤 괴물보다 두렵다.

악령 퇴치는 우리나라의 판타지 문학에도 자주 등장한다. 무엇보다도 1990년대 초 『드래곤 라자』와 함께 우리나라 판타지 문학의 출발을 알리는 신호탄이 되었던 『퇴마록』을 꼽을 수 있다.

이미 제목이 말해주듯 인간세계를 위협하는 악령들을 퇴치하는 퇴마사들의 모험을 그린 이 소설은 서양 중세를 배경으로 하는 일반적 판타지 소설과 달리 우리나라를 배경으로 한다. 특히 세계 여러 나라의 악령 전설을 등장시키면서 오컬트적인 구도와 무협지적 구도가 결합된 흥미로운 전개를 보여주면서 연재 당시 큰 인기를 얻었다.

하지만 이야기의 형식이나 문체는 흡혈귀 헌터들의 얘기로 잘 알려진 또 다른 판타지 소설 『월야환담 채월야』가 그렇듯이 지극히 단조롭다. 색다른 내용만이 나열되어 있을 뿐, 내용을 엮어내는 형식의 아름다움이나 그로 인해 얻어지는 의미를 기대하는 독자들에게는 상당히 실망스럽다.

여기서 한 가지 지적해야 할 것은, 우리나라 공포 이야기에 등장하는 귀신들은 대부분 한을 품고 죽은 원혼들이라는 것이다. 계모와 의붓동생의 손에 죽어간 장화와 홍련이 그렇듯이, 억울하게 죽었기 때문에 계속 산 자들에게 모습을 드러내는 귀신들인 것이다. 따라서 이들은 쫓아내야 할 악령이라기보다는 달래주어야 할 원혼이다.

귀신은 산 자들의 삶에 폭력적으로 끼어들어 공포를 유발하는 가해자이기 이전에, 억울하게 희생된 피해자이다. 우리나라 공포영화의 부흥을 알리는 신호탄이 되었던 「여고괴담」을 보아도, 귀신을 낳은 것은 바로 학교라는 공간에서 벌어지는 억압적 현실이 아닌가. 그렇게 해서 원혼의 한은 살아 있는 사람들, 특히 관객들의 집단적 죄의식까지 건드리면서 더욱 음산한 공포를 만들어낸다.

인간이 되고 싶은 여우 구미호도 마찬가지다. 구미호는 인간이 되기 위해 사람을 해치는 악이지만, 사실상 많은 이야기들이 구미호에 대해 연민의 시선을 깔고 있다. 그것은 당연히 그들을 괴롭히는 한(恨), 즉 오랜 세월 인간이 되지 못한 한에 대한 연민 때문이다.

구미호들 역시 마지막으로 원하는 것은 인간이 되어 인간들 속에서 사는 것이기 때문에 죄 없는 인간을 희생시키는 것을 망설인다. 하지만 바로 그것이 모든 것을 수포로 돌아가게 만드는 원인이 되어 구미호는 마지막 순간에 언제나 파멸하게 된다. 결국 언제나 승리하는 건 인간의 욕망, 즉 구미호를 인간사회에서 제거하려는 욕망인 것이다.

또, 언제나 여자로 등장하는 구미호를 남자들을 유혹하는 팜므 파탈로 읽어낼 때, 구미호의 파멸은 세상 질서의 주인인 남자들과 그 질서에 순응하는 여자들의 승리를 상징한다. 인간으로 둔갑해서 인간을 유혹하지만 최후의 순간 실패하고 사라져가는 구미호들은 "빨리 사람이 되고 싶다"고 부르짖다가 죽어간 요괴인간들을 닮았다. 사람이 되고 싶어서 수없이 노력했지만 결국 물방울로 사라져간 가련한 벰, 베라, 베로 말이다!

| 내 안의 괴물

악마의 자식인 악령, 억울하게 죽어 이승을 맴도는 처녀 귀신, 사람의 피를 먹고 사는 흡혈귀, 예쁜 여자로 둔갑해서 남자를 홀리는 구미호……. 이런 것들은 실제로 존재하지 않는다. 하지만 이들이 두려움의 대상이 되는 것은 무엇보다도 인간의 마음속 깊은 곳에 숨어 있는 공포를 형상화하기 때문이다. 이 점에서 이 모든 괴물보다 더 무서운 건 바로 우리 안에 살고 있는 괴물, 즉 내가 모르는 나, 내 속에 숨어 있는 또 다른 나라고 말할 수 있다. 자기의 '도플 갱어'와 마주치는 인간이 죽을 수밖에 없는 것은 그 때문이다.

이미 히치콕의 영화들이 보여주었듯, 인간 내면에 존재하는 자기분열적 증상은 그 무엇보다도 불길하고 끔찍한 두려움을 만들어낸다. 「미저리」의 여주인공은 드라큘라나 에일리언보다 훨씬 더 섬뜩하지 않은가? 아름다운 영상 속에 펼쳐지는 특유의 몽환적 공포로 우리나라 공포영화의 새로운 가능성을 연 「장화홍련」을 보아도 엄밀히 말해 귀신은 등장하지 않는다. 관객을 무섭게 만드는 귀신 혹은 귀신 같은 모습은 단지 주인공의 꿈속에 등장할 뿐이다. 관객이 보는 모든 것은 (심지어 어쩌면 새엄마의 존재마저도) 엄마와 동생을 죽게 했다는 죄의식에 시달리는 주인공 수미의 환상이다.

인간 내면에 존재하는 공포의 근원, 다시 말해 억압(가부장제의 억압이든 성적인 억압이든)에 대한 무기력과 증오로 인해 분열된 자아를 그리는 영화들은 흔히 사이코패스들이 벌이는 엽기적 살인을 소재로 사용한다.

‘난도질하다’라는 뜻의 슬래셔 무비들, 예를 들어 「텍사스 살인마」
나 「13일의 금요일」에 그려진 잔혹한 살인이 대표적이다. 그것은 아무
런 원한도 없고 목적도 없는 살인이다. 대상이 누구인가가 조금도 중
요하지 않은 편집증적 분노에서 비롯된 것이기 때문이다.

「양들의 침묵」의 경우는 살인행위 자체보다는 아무렇지도 않게 잔
혹한 살인을 저지르는 인간의 병리적 내면에 초점을 맞춤으로써 사이
코패스적인 공포를 더욱 음산하게 그려낸다. 희대의 살인마 한니발이
감옥에 갇힌 채로 여주인공 클라리스와 함께 또 다른 연쇄살인범을 쫓
고, 그 와중에서 한니발의 내면과 한니발의 눈으로 따라가는 또 다른
살인마의 내면이 얽히고, 또 어린 시절의 공포와 연관된 클라리스의
내면까지 더해진다.

제목 자체가 『몬스터』인 만화 역시, 죄의식 없이 살인을 이어가는 주
인공 요한의 내면이 공포의 근원이다. 요한은 구동독 시절 인간병기 프
로젝트를 겪으며 인간성을 상실한 인물이라는 점에서, 가해자이면서
또한 희생자이다. 또 다른 인물, 즉 성공과 양심 사이에서 갈등하던 천
재 외과의사 덴마가 우연히 그를 살려내게 되고, 덴마는 결국 자신의
손으로 살려낸 악마와 긴 싸움을 시작하게 된다. 중반 이후 심리전의
긴장이 약해지는 점은 있지만, 이 작품은 우리 안에 괴물이 만들어지는
과정을 보여주며 선과 악에 대한 근본적인 질문을 던지는 데 성공한다.

또 다른 일본 만화 『데스노트』를 보자. 악한 자가 벌 받지 않는 현실
에 분노할 뿐 지극히 평범한 학생이던 라이토는 우연히 사신계에서 떨
어진 ‘데스노트’를 줍게 된다. 이름 그대로 이름이 적힌 사람을 죽게

만드는 신비한 힘을 지닌 노트의 주인이
된 라이토는 처음엔 악인을 응징하는 정
의의 수행자가 되려 하지만, 그의 살인
은 조금씩 세계의 주인인 키라의 이름으
로 행해지는 무차별 응징이 된다.

일차적인 재미는 스스로 키라이면서
정체를 감춘 채 수사팀을 이끄는 라이토
와 또 다른 수사팀을 이끄는 L과 니아,

데스노트의 공포를 완성하는 것은 자기 손으로
세상의 선을 구현하려는 폭력에의 욕망이다

이 두 진영의 두뇌 싸움, 그리고 각 진영 안에서 벌어지는 의심과 갈등
이다. 하지만 그 위에서 공포를 완성하는 것은 자기 손으로 세상의 선
을 구현하려는 폭력에의 욕망이다. 절대의 유혹에 빠져 선의 이름으로
악을 숭배하는 사람들이 보여주는 광기 역시 공포스럽다.

반면 노트를 찾으러 인간계에 내려온 사신들은 그 기괴스런 모습에
도 불구하고 전혀 무섭지 않다. 그들은 모든 것을 다 알고 있고, 그래
서 이 이야기에 등장하는 인물들 중에서 가장 합리적으로 판단하고 행
동하기 때문이다.

결국 가장 두려운 것은, 형민우의 만화 『프리스트』가 보다 극단적이고
매력적인 방식으로 보여주듯, 우리 안의 분노이고 우리 안의 광기이다.

신과 맞서다 지상으로 유배된 천사의 증오, 흔들리지 않는 신앙심을
가지고 있었지만 가혹한 시련을 겪으며 신을 버린 자들, 두려움을 돌
아보지 않기 위해 더욱 극단적이 되는 광신도들……. 이렇게 믿음과
구원이라는 종교적 주제들이 전면에 나와 있지만, 『프리스트』는 결국

영화 「밀양」이 그렇듯 고통의 이야기이다.

　그 누구와도 나눌 수 없고 스스로도 받아들일 수 없는 고통, '영원한 방관자' 앞에서 존재 자체가 무시당한 고통, 이것은 악의 사제에게 '영혼의 절반'을 바치게 만든다. 그리고 그 빈자리는 분노로 채워진다. 악의 화신 테모라제를 깨워내 이 세상을 아비규환의 지옥으로 만든 것은 바로 베시엘의 분노이고 이반의 분노가 아닌가.

　이제 여전히 사제복을 입은 채로 광야를 떠도는 이반은 테모라제를 섬기는 광신도들을 없애기 위한 전쟁을 끝없이 이어가지만, 중요한 것은 그 전쟁을 지탱하는 힘이 신을 향한 믿음이 아니라 오히려 테모라제로부터 나오는 증오의 힘이라는 것이다. 영혼으로 이반의 몸속에 들어온 베시엘이 갈등의 순간마다 이반의 연인 제나의 죽음을 일깨우는 것은 바로 그 때문이고, 이반의 이율배반적 싸움이 고통을 통해 고통을 이기는 고행의 모습을 띠게 되는 것도 그 때문이다.

6장

이데올로기라는
허구 앞에서

Homo dramacus

Homo dramacus

공익이라는 이름의 폭력

| 개인의 행복은 '공공의 적'인가? |

인간은 누구나 자기가 원하는 것을 하고 싶어 하고, 그럴 수 있을 때 행복하다. 물론 어떤 것을 원하는지는 각기 다를 수 있고, 하고 싶다고 해서 모든 일을 다 할 수 있는 것은 아니다. 그래서 우리는 언제나 하고 싶은 것과 해야 하는 것 사이에서 갈등하며 행복을 추구하는 것이다.

일반적으로 성(聖)과 속(俗), 존(尊)과 비(卑)의 구별이 뚜렷한 사회일수록 개인의 행복은 성스러움과 존엄함을 유지하기 위해 만들어진 외적 기준, 즉 해야 하는 것의 당위에 일방적으로 통합된다. 그러한 기준은 때에 따라서는 개인의 실존적 자유가 포기될 수도 있다는 것을 전제한다.

따라서 개인의 행복 추구가 자율성을 획득하는 과정은 가치판단의 기준이 인간 안으로 옮겨오는 과정, 다시 말해 근대성의 과정과 일치한다. 이성에 대한 신뢰를 바탕으로 인간성이 가치판단의 기준이 되면서, 또한 혈통으로 전승되고 가시적 권위로 유지되던 권력이 근대사회의 분산된 권력으로 대체되면서, 개인의 행복이 공적인 무대에 모습을 드러내게 된 것이다.

이제 개인의 행복은 사회를 이루는 구성요소이며, 무엇보다도 공동체 속에 공존하는 다른 개인들의 행복과의 관계 속에 자리 잡게 된다. 바로 여기서 등장하는 것이 공익(公益) 개념이다.

공익, 즉 공공의 이익은 당연히 개인적인 이익과 일치하지 않는다. 사적인 공간의 이익이 최종적으로 개인의 행복이라면, 공적인 공간의 이익은 상충되는 개인들의 행복 추구가 조절되어 하나의 집단이 공동체로서 제대로 작동할 때 얻어진다. 예를 들어 정부가 세금을 인상해야 한다면 개인적으로는 부담이 되지만 사회 전체로 볼 때는 복지가 향상되고 사회간접자본이 확충되는 등 공동체 전체의 이익이 될 수 있기 때문에 공익의 이름으로 동의를 구할 수 있는 것이다.

물론 어떤 것이 공익이냐에 대해서는 서로 의견이 다를 수 있다. 공익은 각기 다른 입장과 관점으로 동일한 대상에 목표를 두거나 관심을 갖는 사람들 사이에서 벌어지는 경쟁을 전제하기 때문이다. 이러한 다양성은 언제든 공동체를 분열시킬 위험이 있지만, 그렇다고 해서 모두에게 같은 관점이 강요된다면 구성원 개인의 실존의 다양성은 파괴될 것이다. 그리고 결국 공동체 자체가 위협받게 될 것이다. 다양한 관점을 조정하고 중재함으로써 하나의 결론을 도출하는 과정, 다시 말해 공익이 창출되는 과정에 대한 신뢰를 바탕으로 할 때 공익은 비로소 개인의 행복의 합리적 희생을 요구할 수 있게 되는 것이다.

물론 이러한 조정은 때로 상당히 많은 비용을 지불해야 하는 과정이 며, 가시적 효율성의 논리가 지배하는 사회일수록 그런 비용을 지불하 지 않으려 한다. 그래서 강압적인 힘을 동원하여 갈등을 해결하기도 한다. 물론 그것은 번거로운 노력을 피하게 해주는 손쉬운 방법이지 만, 동시에 반발을 초래할 위험이 크다는 점에서 언제나 유용한 방법 은 아니다. 바로 그때 공익의 이름으로 행복 추구에 관한 욕망 자체를 공격하는, 개인의 욕망이 얼마나 이기적인 것인지를 가르치고 설득하 는, 보다 우회적이고 교묘한, 하지만 그렇기 때문에 보다 유용한 방법 이 사용되는 것이다.

행복을 추구하는 개인의 욕망은 과연 이기적인가? 당연히 그렇다. 정 확히 말하면, 이기적 욕망 자체를 인정하는 것이 바로 합리적 조정을 위 한 첫 단계이다. 그로 인한 갈등을 풀어나가는 것이 쉽지 않은 일이라 해도, 어차피 그렇기 때문에 정치라는 '보이는 손'이 필요한 게 아닌가.

미성숙한 정치일수록 개인의 행복 추구를 단죄하고, 개인의 욕망이 가족의 이익, 집단의 이익, 국가의 이익이라는 절대선을 가로막는다는 죄책감을 불어넣는다. 이것은 저항의 가능성을 상당 부분 원천봉쇄한 다는 점에서 상당히 폭력적이다. 푸코식으로 말하자면, 이러한 시스템 에 익숙해진 사람들은 권력의 항시적 감시를 내재화한 판옵티콘(pan-opticon) 속에 살아가며 자기의 이기적 욕망을 자발적으로 공공의 적으 로 간주하게 된다.

한편으로 자기 안에서 솟아나는 욕구를 직시하고, 한편으로 그러한

판옵티콘은 감시의 시선을 내재화하게 만든다

자기 자신을 바라보며 타인들을 생각하는, 그럼으로써 행복과 선, 정의의 문제를 스스로 판단해내는 것이 윤리의 핵심이라면, 비대해진 공익은 개인의 윤리적 자율성과 공존하기 어렵다.

그래서 서로의 이익이 상치되는 갈등이 있을 때 아무도 자기의 이익에 대해 말하지 않는다. 모두가 각기 서로 다른 공익을 큰 목소리로 내세운다. 어떤 정책이 결정되면, 설사 그것이 옳은 것이라 해도 "내 이익이 이만큼 줄어드니 유예기간이나 보완책이 필요하지 않느냐?"라고는 아무도 말하지 않는다. "국민의 건강이 위협받고 있고, 국민의 알 권리가 위협받고 있으며, 자연과 환경이 위협받기 때문에 우리는 싸울 수밖에 없다."라고 말한다. 갈등이 마무리된 다음에도 "양쪽 모두 만족하기 위해서 이것과 이것을 바꾸었다."라고 말하지 않는다. "화합이라는 대의를 위해 우리가 희생을 감수하기로 했다."라고 말한다.

| 국민윤리를 위하여

윤리적 자율성은 인간이 한 개인으로 살면서 동시에 사회의 구성원으로 살아가기 위해서 가치관과 행동을 결정하는 힘이다.

개인이 어떻게 욕망 실현을 통해 행복을 추구할 것인가의 문제인 동시에, 어떻게 사회질서를 개인의 다양한 욕망들 속에 흩어져버리지 않게 만드는가의 문제인 것이다. 우리는 이 힘겨운 줄타기를 흔히 사회화 과정이라 부르고, 학교는 태어난 순간부터 욕망을 억제하는 법을 배우기 시작하는 인간이 본격적인 사회화를 배우는 곳이다.

사회화 방식은 그 사회의 특성에 따라 달라진다. 마르쿠제의 말대로 각 사회는 그 현실 원리에 따라 꼭 필요한 기본억압 이상의 '과잉억압'을 요구하는 것이다. 이 점에서 우리나라 공교육에서 행해지는 도덕 교육은 많은 문제점을 내포한다. 철학의 한 중요한 분야로서의 윤리학이 무엇보다도 삶을 어떻게 살아야 하는지에 대한 여러 관점들을 제시하고 비교함으로써 바람직한 삶을 선택할 수 있게 해주는 학문이라면, 학교에서 가르치는 윤리는 그러한 방법적 성찰의 과정을 뛰어넘어 누군가에 의해 정해진 '바람직한 국민상'을 제시하는 데 주력하기 때문이다(그렇게 해서 '국민윤리'가 탄생한다).

다시 말하면, 다양한 관점의 이해를 바탕으로 스스로 결정하고 판단하는 능력을 키우기보다는, 오히려 이미 틀로 정해진 윤리를 습득하기 위해서 윤리적 자율성을 버리는 법을 배우는 과정인 것이다.

실제 도덕 교육의 교과과정은 '자아의 발견', '일상생활의 규범과 예절', 그리고 '사회구성원으로서의 역할과 책임'이라는 세 가지 큰 틀로 나뉜다.[1]

---

1 김상봉, 『도덕 교육의 파시즘』(프런티어, 2005)은 우리나라 도덕 교과서의 문제를 정확하게 짚어낸다.

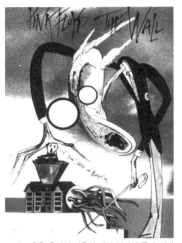
도덕 교육은 윤리적 자율성 대신 하나의 틀에 의해
규정된 의무를 부과한다

첫 번째 부분은 "인간은 자기 자신을 위해 존재한다"는 기본원칙을 부정하는 데서 출발한다. 다시 말해 이기적인 모든 욕구에 대한 부정적 시선을 가르치는 것이다. 이기적 욕구와 공동체의 이익이 일치하지 않을 때 어찌해야 하는가, 라는 어려운 질문에 대해 도덕 교과서는 모든 사고 과정을 생략한 채로 망설임 없이 대답한다. "진정한 인격은 타인과 공동체를 위해 헌신할 때 비로소 이루어진다"라고.

그러나 희생이란 사회 구성원이 수행해야 할 의무가 될 수 없으며, 칭송해야 할 덕목은 더더욱 아니다. 그것은 오히려 성숙한 사회가 없애기 위해 노력해야 하는 것이다. 누군가의 희생을 딛고 지탱되는 사회일수록 당연히 희생을 미화하는 것은 그 때문이다. 그렇게 해서 희생의 수혜자들이 가져야 할 죄의식을 얼버무리는 것이다. 가부장제 속에서 모성의 신화가 여성 억압의 현실을 가리는 장치가 되듯이, 사회가 찬미하는 희생은 그 희생의 수혜자들을 위한 알리바이일 뿐이다.

두 번째 부분은 보다 구체적으로 행동지침을 제시한다. 가족 간에 지켜야 할 예절부터 친족 간의 호칭까지, 그리고 이웃과 학교에서 지켜야 할 예절을 자세히 가르친다. 하지만 엄밀하게 말하면 이러한 예절 교육은 윤리 교육의 결과이지 목적은 아니다.

윤리적 자율성을 습득하기 위해서 배워야 할 것은 분명 인간이 왜 예절을 생각하게 되었는지, 사회적 삶에서 예절이 어떤 의미와 기능을 갖는지, 어떨 때 인간이 예절에 집착하게 되며 그것이 어떤 점에서 위험한지, 또 어떨 때 예절을 버릴 수밖에 없는지 등에 대한 것이어야 한다. 그러나 도덕 교과서는 지켜야 할 예절에 대해서, 그렇지 못할 경우 나타나게 될 폐해에 대해서만 이야기한다. 그렇게 시시콜콜히 훈계하는 예절은 차라리 수직적 서열(나이 혹은 지위)에 자기 자신을 맞추어가는 처세술에 가깝다.

이렇게 앞의 두 부분에서 기반을 다져놓은 뒤, 마지막에 도덕 교육의 결론이 등장한다. 사회구성원, 국민으로서의 책임 말이다. 그것은 당연히 무조건 "몸과 마음을 바쳐 충성을 다하는" 맹목적 책임이다. 그 근거이며 동시에 최종목표가 되는 것은 다분히 민족주의적인 동질성이다. 모든 갈등이 소거된, 갈등 없는 사회의 단일성을 보장하기 때문이다.

"우리는 민족중흥의 역사적 사명을 띠고 이 땅에 태어났다……"라는 지겨운 글은 이제 교과서에서 사라졌지만, 다시 좀 더 세련된 모습으로 돌아와서 격정적인 애국심을 고취하고 있다. 이때의 '우리'는 나를 품지 않는 우리이다. 나는 사라지고 우리만 남는다. 이렇게 떠안겨진 맹목적 애국심은 윤리적 자율성이 바탕이 된 사회적 책임으로서의 애국심에 비해 오히려 쉽게 무너진다. 국가를 지탱해야 하는 것은 가치관이나 이념적 합의 이전에 존재하는 민족의식, 맹목적 혈연에 근거한 국가주의가 아니라, 개인의 욕망을 인정하고 다양한 욕망들을 중재하면서 얻어지는 자존감, 그리고 책임 있는 사회의식이어야 한다.

| 바르게 살자?

　　　　　국민을 향한 가르침은 교과서 안에서 끝나지 않는다. 대한민국 국민들이 어린 시절부터 그리거나 지어내고 구경해야 하는 포스터와 표어를 생각해보라! 독보적 주인공이던 반공 표어가 사라진 요즈음, 불조심하자, 아껴 쓰자, 인터넷 예절을 지키자 등, 구호들은 이제 더욱 현실적이 되었다.

　하지만 교문에 높이 걸려 있는 "학교폭력 추방하여 밝은 사회 이룩하자"라는 구호가 그렇듯이, 모든 청유형의 구호들은 그 공허한 호소력으로 오히려 근본적인 질문들을 덮어버린다. 어째서 아이들이 학교폭력을 일으키는지, 어째서 아이들이 폭력을 당하고도 그냥 참을 수밖에 없는지, 또 어째서 아이들이 자기 옆에서 일어나는 폭력을 바라보기만 하는지와 같은 정작 제기되어야 할 질문들이 애절하고 거창한 구호 뒤로 슬그머니 사라지는 동안, 문제의 책임은 익명의 개인들에게 슬그머니 전가되는 것이다.

　종로 한가운데 들어선 조형물에 새겨진 다섯 글자 "바르게 살자"에 이르면 공허한 구호는 우스꽝스럽기까지 하다. "바르게 살자"라니……. '바르게살기운동본부'에서 세웠다는 이 돌덩이에 이르면 우리는 차라리 울고 싶어진다. 바르게 살자, 라고 다 같이 외치면 바르게 살아지는가, 이 말을 써놓은 사람들은 바르게 살고 있는가, 그렇다면 과연 어떻게 사는 것이 바르게 사는 것인가…….

　마찬가지로 문화관광부 소속이라는 '밝은미소운동본부'에서는 외

국인 맞이 어린이 미소천
사 캠페인, 엘리베이터에
서 인사하기 캠페인을 하
고, 또 자살방지 밝은 미
소 캠페인을 위한 서명을
받기도 한다. 문득, 만화

불량서클 배척하고
웃으면서 공부하자

학생이 건전해야
사회가 건전하다

수많은 구호들은 공허한 호소력으로 근본적인 질문들을 덮어버린다

『20세기 소년』에 등장하는 '친구랜드'가 떠오르지 않는가…….

가족을 사랑하라고, 이웃 간에 친절하라고(어느 동사무소의 정문에는
"안녕하세요, 인사하니 얼마나 좋은가요"라는 현수막도 붙어 있다), 지하철 기다
릴 때 줄 잘 서라고, 좋은 언어습관을 가지라고, 그래서 '밝은 사회' 이
룩하자고, 우리는 그럴 수 있는 훌륭한 민족이라고, 도처에서 정신교
육이 넘쳐흐른다. 민족의 이름으로, 국익의 이름으로, 미풍양속의 이
름으로, 개별적인 욕망을 길들이면서 말이다. 내 습관과 가족과 이웃
과 국가에 대해서, 내 욕망과 내 조국의 역사와 현실에 대해서, 내가
받아들여야 할 몫과 저항해야 할 몫에 대해서 미처 스스로 생각할 틈
도 없이 말이다.

이쯤 되면 묻지 않을 수 없다. 과연 도처에 넘쳐나는 대국민 가르침
의 주체는 누구인가? 국민의 윤리 혹은 국민이 지켜야만 하는 윤리라
는 프로파간다는 누가 만드는 것이며 누가 전파하는가? 나르시스적
감동 속에 주어지는 공익, 비대해진 선(善)의 이미지로서의 공익을 강
요하는 것은 누구인가? 어쩌면 개인의 욕망을 단죄하는 수많은 대국
민 가르침들은 사회 내에서 개인들의 이해관계를 조종하는 일을 수행

하는 대가로 국민의 세금을 사용하는 사람들이 감당해야 하는 의무를 덜어주는 게 아닐까?

한걸음 더 나아가면, 그람시의 말대로 그렇게 해서 효율적인 지배를 위한 도덕적 정당성을 확보하는지도 모른다. "정치인에게 청첩장, 초대장을 보내지 맙시다"라는 구호를 본 적이 있는가? 보내오면 받을 수밖에 없고, 받으면 요구하는 것을 낼 수밖에 없다는 고충을 호소하려는 것일까?

정치인의 그릇된 관행에 스스로 면죄부를 주는 이 우스꽝스러운 가르침은 문제를 정치인에게 뭔가 얻어내려는 국민의 무지하고 그릇된 욕망 탓으로 돌린다. 국민들에게 초대장을 보내지 말라고 가르치는 것보다 훨씬 더 간단한 일이 있지 않은가? 누군가가 억지로 떠안겨도 받지 않는 것 말이다. 힘들게 남을 가르치는 것보다 자기가 직접 시범을 보이는 게 훨씬 더 쉽지 않은가!

| 포스트모던 시대의 국민윤리, 공익광고 |

공익광고 하나. 이른 새벽 산동네에서 사내아이를 키우는 할머니를 위해 누군가가 우유를 놓고 간다. 할머니의 얼굴만 보아도 현실적으로 생계를 꾸릴 능력이 없음을 알 수 있고, 우유를 놓고 가는 사람이 추운 날씨에도 불구하고 땀을 흘리는 것으로 보아 무척 높은 달동네임을 알 수 있다. 집 앞에 놓인 우유를 보고 좋아하는 아이의 모습.

그 위로 이런 멘트가 흐른다. "가진 것은 많지 않아도 나눌 수 있는 것은 참 많습니다. 조금만 둘러보세요. 마음만 있다면 나눌 수 있습니다."

공익광고 둘. 아마도 성적표가 시원치 않은 듯 아들이 안절부절 못하고 있고, 앞에 앉은 아버지가 소리를 지른다. "도대체 왜 이 모양이냐? 꼴도 보기 싫으니 썩 꺼져버려!" 잠시 후 아들의 누나인 듯한 딸이 남자친구를 데려와서 소개하자 돌변하는 아버지, "가정교육을 제대로 받은 게로군" 하면서 흡족해 한다. 그때 새장 안의 앵무새가 "꺼져버려! 꺼져버려!"라고 소리치고, 당황한 아버지는 어쩔 줄 모른다. 그리고 마무리 멘트. "평소의 말 한마디, 바로 인격입니다."

공익광고 셋. 이번엔 지면광고다. 아침 출근시간의 지하철 역. 지하철이 도착했을 때 기다리고 있던 두 부류의 사람들을 비교한 그림이다. 한쪽은 문 양쪽에 두 줄로 가지런히 서 있고, 다른 한쪽은 더 무질서하다. 이 장면을 설명하는 말은 이렇다. "오늘 아침 어느 줄에 서 계셨습니까? 기분 좋은 하루, 작은 질서로 시작됩니다."

공익광고란 말 그대로 '공공의 이익에 부합된 정보를 제공하고 설득하는 광고'를 말한다. 상업광고가 생산자의 이익을 위해 소비를 촉구하는 역할을 한다면, 공익광고는 그 광고가 대상으로 하는 집단의 구성원 전반에 이익을 줄 수 있는 정보를 제공해야 하는 것이다.

예를 들어 의학적 관점에서 몇 가지 정보를 알면 어떤 질병을 예방하는 데 효과적일 경우, 공익광고는 상당히 의의가 있다고 할 수 있다. 하지만 문제는, 공익광고의 제작 주체인 한국방송광고공사가 제시하는 대로 '인간존중의 정신을 바탕으로 사회 및 공동체 발전을 위한 의

식개혁'을 목표로 하는 상당수의 공익광고가 사실상 국민윤리 교육의 연장선에 서 있다는 것이다.

공익광고가 세계대전 당시 전쟁 참가를 둘러싸고 국민을 설득하기 위한 대중선전에 뿌리를 두고 있다는 점을 언급하지 않더라도, 요즈음 대중매체에서 흘러나오는 공익광고는 1970년대에 거리에 넘쳐나던 수많은 청유형의 언술들("나라에 충성하고 부모에 효도하자", "간첩 잡아 애국하자", "시간은 생명이다 일초라도 아껴 쓰자")이 포스트모던 시대의 감성에 맞추어 진화된 것임을 쉽게 알 수 있다.

우선 첫 번째 공익광고를 보자. 따뜻한 사회를 만들기 위해 주위를 돌아보라, 아무리 가난한 사람이라도 남을 도울 수 있다, 얼마나 좋은 말인가! 하지만 이것은 굳이 국가가 가르치지 않아도 개인이 알아서 할 일이다. 국가가 나서서 이런 개인의 선행을 촉구할 때, 이러한 대중선전은 도덕교과서가 가르치던 죄의식에 기반한 희생과 다르지 않다.

여기서 우리는 국가가 나서서 이렇게 '훈훈한 인정'을 촉구하는 것은 구조적 모순을 해결하기 위한 다양한 이해관계 조정의 의사가 없거나, 또는 능력이 없다는 현실을 가리는 것인지도 모른다는 의혹을 지우기 어렵다. 수질이 오염되는 것은 (공장 폐수 때문이 아니라) 가정에서 주부들이 세제를 많이 쓰기 때문이고, 산업재해가 발생하는 것은 (열악한 노동 조건 때문이 아니라) 노동자의 부주의 때문이고, 관광산업이 발전하지 못하는 것은 (관광 인프라의 부족 때문이 아니라) 시민들이 외국 관광객에게 친절하게 미소 짓지 않아서라고 말하지 않는가.

두 번째 공익광고는 한 걸음 더 나아간다. 도대체 어쩌다 국가가 개인의 말버릇까지 신경을 쓰게 된 걸까? 그 자상한 가르침에 고마워해야 하는 것일까? 자식에게 "꺼져버려!"라는 말을 하는 것, 혹은 그러다가 예의를 갖출 필요가 있는 사람이 나타나면 말투를 바꾸는 것, 이것이 공공의 이익과 무슨 관련이 있는가? 이같은 자기모순적인 욕망은 (설사 권장할 만한 미덕이 아닐지라도) 전적으로 사적인 영역에 속하는 것이다.

이런 공익광고도 있다. 추운 겨울날 남편이 아내에게 목도리를 해준다. 아내는 며느리가 되어 시아버지에게, 시아버지는 할아버지가 되어 손녀에게, 손녀는 딸이 되어 다시 아빠에게, 이렇게 목도리는 제자리로 돌아온다. 하나 더. "성적이 떨어졌다고 혼난 다음날 아이가 두고 간 도시락. 혹시 아이의 반을 찾지 못해 당황한 적이 있지는 않으십니까. 혹시 자녀의 반도 모르면서 등수만 알려고 하지는 않습니까?"라는 글과 함께 교실의 모습이 그려져 있다.

어떤가! 추워 보이는 누군가에게 (더구나 가족일진대) 내 목도리를 넘겨주고 싶은 마음은 내 안에서 생기는 것이기에 굳이 국가가 나서서 가르칠 필요가 없다. 국가는 차라리 추운 겨울에 목도리를 살 능력이 없는 사람들을 위해 대책을 강구하는 데 시간을 써야 한다. 그리고 성적 때문에 자식을 야단치지 말라고 가르칠 시간에 학벌이 이 사회에 결정적 행복지수가 되는 모순과 그로 인한 입시정책의 문제점들을 보완하기 위해 현실적인 노력을 기울여야 한다. 자식이 어느 반인지, 매년 달라지는 그 숫자는 알 필요 없어도, 반에서 어느 정도 공부하고 있는지는 알아야 하는 것이 바로 대한민국의 부모이다.

같은 맥락에서 요즈음 방영되고 있는 '사이버 테러'에 관한 공익광고 역시 상당히 불편하다. 흐느끼는 듯 애절한 아랍 풍의 음악이 흘러나오는 흑백의 화면 위로 상처, 고통, 좌절, 눈물 등의 말과 함께 불타는 거리, 아이를 안고 헤매는 여인, 비탄에 잠긴 중년 남자 등 테러의 희생자들이 등장한다. 그러다 갑자기 슬퍼하는 (아마도 한국인인) 젊은 여자를 보여주며, 사이버 테러는 '영혼까지 파괴'하기 때문에 '테러보다 더 잔인한 테러'라고 주장한다.

물론 사이버 테러가 앞의 앵무새가 등장하던 광고 속의 말버릇처럼 전적으로 사적인 영역의 문제라고 말할 수는 없다. 사이버 테러는 사회적으로 논의되어야 할 정도로 중요한 문제가 아니라고 말할 사람도 없다. 하지만 이 광고는 공적인 영역과 사적인 영역을 너무나 교묘하게 연결하면서, 보다 정확히는 사적인 인간관계를 바로잡기 위해서 너무나 쉽게 공적인 시련을 도구로 사용하면서, 우리를 아프게 한다. 인간들이 공유하는 가치에 관한 문제이며 역사의 책임까지 연결되는 테러의 희생자들에 대해서 희미한 모욕까지 느껴진다면 지나친 걸까?

세 번째 공익광고도 다르지 않다. 줄을 서야 한다는 공중도덕은 나름대로의 합리적 원칙에 의해 자발적으로 성립한다. 즉, 뒤에 온 사람이 먼저 차에 올라타는 불의를 피하고, 또 무질서하게 움직이면 오히려 더 늦어질 수 있다는 효율성 문제도 있다. 그러나 그림을 보면, 실제로 지하철역의 플랫폼이 그렇게 넓은가 하는 현실적 지적은 접어두고라도, 정말 그렇게 자로 잰 듯 질서정연한 줄이 필요한지 되묻게 된다.

도대체 저렇게 완벽한 질서가 왜, 누구를 위하여 필요한가? 무엇보다도 그 정도의 질서를 실현하기 위해서는 욕망 없는 로봇이 되거나 아니면 모종의 강제력이 필요할 것이다. 다시 말하면 오른쪽 줄은 어디선가 강제력이 통제하고 있거나, 적어도 비가시적 강제력이 사람들 속에 내재화된 '온순한 인간'들의 세상을 보여준다. 왼쪽 줄 정도면 개인의 자율성은 존중하면서도 순서가 뒤바뀌는 불의를 줄이고, 더구나 복잡한 출근길 승차에도 나름대로 효과적이다. 무엇보다도 자연스럽다. 오른쪽 줄이 보

오른쪽 줄이 보여주려고 하는 질서는 질서의 과대망상에 가깝다

여주려고 하는 질서는 사실상 질서의 과대망상에 가깝다.

얼마 전 방영되던 FTA 광고도 마찬가지다. 말을 타고 달리는 (아마도 고구려의) 전사들 위로 흐르는 목소리는 말한다. "개척자 광개토대왕처럼, 해상왕 장보고처럼, 우리 민족에게는 도전의 피"가 흐른다, 그러니 "대한민국의 자부심으로 세계와 경쟁"하자고 말이다.

중요한 것은 FTA를 찬성하느냐 반대하느냐의 문제가 아니다. 찬성한다면 그 근거가 무엇이며, 결국 해야 한다면 그로 인해 어떤 문제가 발생하며, 말 그대로 공익을 위해 감내해야 할 희생을 우리 사회가 어떻게 보전해주어야 하는가에 대해서 말해야 한다. 광고는 바로 그런 번거로움을 빠르게 덮어버리기 위해서 최근 북방 드라마들이 기초를 닦아놓은 민족주의적 판타지를 빌려온다. 과대망상에 가까운 이러한 민족주의의 착란 속에서, 라캉식으로 말하자면, 리얼리티는 우리가 누리는 상상계적 일체감 뒤로 사라져버린다.

가족, 미성숙의 축제

| 가족의 이름으로

"피는 물보다 진하다." 혈연에 대한 애착을 잘 그려낸 말이다. 이 말은 '피'로 상징되는 가족은 '물'로 상징되는 남들과는 다른 강한 애정을 바탕으로 하며, 그래서 가족 밖에서는 불가능한 일들을 가능하게 만든다는 뜻을 담고 있다. 하지만 바로 그 때문에 가족은 현실의 모순을 피해가게 하며(조폭의 의리와 동일한 작동 원리다), 가족 밖의 사람들에 대해서 배타적이 되기 쉽다. 따라서 언제든 비합리적이고 이기적인 집단이 될 위험이 있다.

사실 가족 개념은 너무도 당연한 것이다. 가족을 빼고 한 인간의 삶을 말하는 게 불가능할 정도로 가족은 인간의 정체성 형성에 핵심적인 역할을 하기 때문이다. 가족은 살아가기 위해 필수적인 물질적, 정서적 안정감은 물론이고, 인간이 사회로 나가기 위한 기본적 도덕과 인간관계

의 근원인 것이다. 프로이
트가 말하는 무의식적 도덕
률로서의 초자아(superego)
란 결국 내재화된 부모의
상이 아닌가?

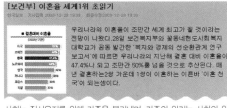

[보건부] 이혼율 세계1위 초읽기
한국일보 | 기사입력 2003-12-28 19:36 | 최종수정 2003-12-28 19:35

■ 결혼대비 이혼율
(2003년 기준)
미국   [31%]
스웨덴   [64%]
한국   [47.4%]
노르웨이   [43%]
영국   [42%]
캐나다   [39%]
프랑스   [38%]
독일   [30%]

우리나라의 이혼율이 조만간 세계 최고가 될 것이라는
전망이 나왔다. 28일 보건복지부와 꽃동네현도사회복지
대학교가 공동 발간한 '복지와 경제의 선순환관계 연구
보고서'에 따르면 우리나라의 지난해 결혼 대비 이혼율이
47.4%나 되고 조만간 50%를 넘을 것으로 추산된다. 매
년 결혼하는2쌍 가운데 1쌍이 이혼하는 이른바 '이혼 천
국'이 되는셈이다.

사회는 질서유지를 위해 가족을 불러내며, 가족의 위기는 사회의 위
기를 가리는 가면이 된다

가족은 인간을 인간답게 만드는 원동력이며, 주어진 그대로의 현실
너머를 개척하게 해주는 구심점이다. 따라서 가족을 바라보는 시선은
객관적이기 어렵다. 가족이란 무엇인가, 라는 물음 자체가 어색할 정
도로, 가족은 모든 질문 이전에 존재하기 때문이다.

비판적 거리를 두고 대상을 분별하는 것이 객관적 태도라면, 이미
'신화'로서 우리들 삶 깊숙이 들어와 있는 가족은 분명 객관적 시선으
로 바라보기 어려운 대상 중의 하나이다. 바르트의 말대로 신화란 합
리적 논거 없이도 순식간에 위험 요소를 무장해제시킬 수 있는 힘을
갖지 않는가?

사회집단이 확장될수록 원초적 끈으로서의 가족의 신화는 더욱 강화
된다. 개인들이 익명의 광장으로 내몰리는 현대사회에 이르러 가족은
고단한 현실에 지친 인간이 돌아갈 수 있는 고향의 이미지로 존재한다.
하지만 가족의 신화는 바로 그런 특성 때문에 현실의 모순을 다분히 비
겁하게 봉합하는 데 동원될 수 있다. 본래적 의미의 신화가 사라진 현대
사회에서 신화가 이데올로기의 동의어가 되는 것은 바로 그 때문이다.

사회는 질서유지를 위해 언제든 가족을 불러내며, 가족의 위기는 사
회의 위기를 가리는 가면이 된다. 가족의 이름으로 행해지는 억압은 그

어떤 억압들보다 저항하기 어려우며, 그렇기 때문에 가장 폭력적이다.

우리나라의 경우 가족을 둘러싼 도덕적 위기는 주로 여성의 문제와 연결되어 부각되고 있다. 예를 들어 최근에 화제가 된 두 가지 지표, 즉 세계 몇 위에 손꼽히는 출산율 저하와 이혼율 증가를 바라보는 곱지 않은 시선이다. 우리 사회의 공식적인 입장은 "이해는 하지만 당사자인 여성들이 달라져야 한다"라는 것이다. 우리보다 여권(女權)이 신장된 선진국보다도 더 심각한 상태라는, 상당히 함축적인 지적도 끼어든다.

하지만 이혼율이 높은 것은 유교적 도덕관의 영향 때문에 여성에 대한 억압 자체가 크다는 것, 또 결혼 제도 밖의 남녀관계를 보는 시선이 지나치게 엄격한 탓에 결혼율 자체가 높은 것, 또 서로를 제대로(!) 알기 전에 결혼을 하는 것과 분리해서 생각할 수 없다. 저출산도 마찬가지다. 출산율이 낮은 것은, 직장여성이건 전업주부이건, 출산과 육아가 여성들의 삶에 지나치게 큰 희생을 요구하기 때문이다. 출산, 육아를 장려하기 위한 사회적 비용 지불에 합의하지 않는 한, 저출산을 개탄하는 것은 무의미하다.

| 모성의 향연

가족 이데올로기를 가장 효과적으로 전파하는 미디어는 역시 TV이다. 출생의 비밀, 고아의 부모 찾기, 부모를 부정하는 자식들, 자식을 위해 희생하는 부모들……. TV 속엔 가족 이야기가 넘쳐난다.

특히 일과를 마치고 거실에 모여 앉아 온가족이 함께 보라는 이른바 홈드라마를 보면, 대부분의 경우 주인공들이 가정 안에서 맺는 관계가 사회적인 자아실현보다 훨씬 더 강하게 부각된다. 그들은 어떤 원칙을 가지고 어떤 일을 하며 살아가는 개인이기 이전에, 누군가의 부모 혹은 자녀인 것이다. 삼대가 한 집에 사는 대가족을 실제 삶에서보다 TV 안에서 더 자주 만나게 되는 것은 그 때문이다. 그리고 너무도 익숙한 식사 장면들의 존재이유도 그렇게 설명된다. 식탁은 TV 속 가족 성원 모두가 모이는 자리를 마련해주는 것이다.

가족 이야기는 당연히 그 구성원들 간의 사랑과 화합을 내건다. 그리고 그 결과를 만들어내기 위한 시련에서 출발한다. TV 속 가족들에게 찾아오는 갈등으로 가장 흔한 것은 자식의 결혼이다. 대한민국 홈드라마는 자식의 결혼을 둘러싼 가족의 갈등과 화해를 축으로 하는 것이다. 여기서 심각한 문제는 가족 구성원들이 서로의 삶에 개입하는 방식이다. 이성, 교양, 사고력과 같은 사회적 특성들은 가장 끈끈한 일차집단인 가족 안으로 들어오는 순간 모두 사라진다. 가족은 오직 '가족의 이름으로' 무엇이든 할 수 있는 폭력적인 공간이 된다.

"허락해주세요!" 드라마에 너무나 자주 등장하는 말이 아닌가. 허락을 받아야 하는 이유는 다양하지만, 단골 메뉴는 역시 결혼이다(당당한 여자 삼순이마저도 삼식이를 받아들이는 마지막 관문이 어머니의 허락이다). 결혼 허락을 받기 위해 자식들은 떼를 쓰며 울부짖고, 때로는 무릎을 꿇고 눈물을 흘리며, 때로는 부모를 공격한다. 한편 부모는 '자식 잘되라고' 결사적으로 반대한다.

TV에서 반복되는 가족 이야기의 중심에는 난공불락의 성채로서 모성이 있다

법적 성인들의 의사결정 하나가 이렇게 온 가족을 폭풍 속으로 몰고 가는 것은 무엇 때문인가? 부모의 허락 없이 결혼하는 불효를 저지르지 않으려고? 자식이 판단 실수로 불행한 삶을 살게 될까 봐? '사랑에 근거한 최소 단위'라는 아름다운 이름을 가진 가족은 동시에 부르주아적 상속의 단위이기에, 특히 다 자란 자녀의 경제적 의존에 지나치게 관대한 우리나라에서, 상속의 주체인 부모가 자녀들의 사생활에 개입할 권한을 누리는 것은 당연한 일인지도 모른다.

TV에서 반복되는 이러한 가족 이야기의 중심에는 절대 해체되지 않는 난공불락의 성채로서의 모성이 있다. 이것은 드라마의 주시청자 층이 여성이라는 점과 관련될 테지만, 우리 사회에서의 여성의 모순적 위치를 반증하는 것이기도 하다. 사적인 영역을 파고드는 TV 드라마에서 절대적 지위를 누리는 것은 공적인 영역에서 배제된 어머니들인 것이다.

어머니들은 때로는 사라진 아버지들을 대신해서 억척스럽게 자식을 길러내고, 또 때로는 아버지의 존재를 가리면서 앞에 나서서 자식들의 삶을 지휘한다.[1] 그렇게 해서 어머니들은 모성의 신화가 만들어

---

1 요즈음엔 반대로 부모의 역할을 다하지 못하는 부모들도 많이 등장한다. 도박에 빠져 계속 사채를 쓰기도 하고, 끝없이 연애에 빠지기도 하고, 부모가 자식의 '속을 썩이는' 이유는 다양하다. 하지만 한 가지 공통점은 그럼에도 불구하고 그들은 자식 앞에서 언제나 당당하다는 것이다. 낳아준 부모이기 때문이다. 그리고 자식들은 언제나, 아무리 속상해도, 부모이기 때문에 그대로 끌려간다.

낸 억압에 대해 한풀이를 하는 동시에 면죄부를 주며, 결국 미래의 어머니들을 위해 모성의 신화를 재건한다.

많은 갈등을 겪고 마침내 행복한 결혼이 이루어진 후에도 모성은 끝나지 않고 오히려 더 비장해진다. 자식의 결혼과 함께 어머니는 내 자식을 위해서라면 그 배우자에게 무슨 일이라도 할 수 있는 시어머니 혹은 장모가 되기 때문이다. 물론 변화의 징후가 보이기는 하지만, 아직까지는 사위와 장모의 관계보다는 시어머니와 며느리의 관계가 압도적이다. 그렇게 해서 대한민국 가부장제의 억압의 상징인 고부관계는 끝없이 뒤틀린 모습으로 TV를 점령하고 있다.

주말 저녁 브라운관을 장식하는 네 명의 시어머니를 보라. 「며느리 전성시대」의 시어머니는 이혼을 원하는 며느리에게 우리 집을 무시한다고 화를 내며 직장을 그만두고 아이를 가지라고 요구하고, 「황금신부」의 시어머니는 사람을 시켜 며느리의 과거를 조사한다. 하지만 이 정도는 아무것도 아니다. 20여 년 전에 나온 김수현의 소설을 원작으로 하는 「겨울새」는 '운명의 바람 앞에 홀로 선 겨울새 같은 여자'의 이야기라고 하는데, 그 여주인공이 헤쳐가야 하는 파도는 다름 아닌 (정신병자 수준의) 시어머니와 그 시어머니의 치마폭을 움켜쥔 남편이다. 비슷한 시간에 방영되는 「조강지처 클럽」의 가족 역시 조금도 뒤지지 않는다. 등장인물 가운데 어린애부터 노인까지 정상적인 인물은 찾아보기 힘들다. 무능력하거나 부도덕한 아들들이 나와서 울고 웃고, 그래도 그 아들들 때문에 큰소리치는 기이한 어머니가 (혹은 아버지가) 있을 뿐이다.

2005년 같은 시기에 방영된 두 편의 일일 드라마 「어여쁜 당신」과

「굳세어라 금순아」는 그 어떤 드라마보다도 우리 사회의 가족 이데올로기를 잘 보여주었다. 그녀들이 '어여쁘고' 또 '굳센' 것은, 두 여자 모두 어떤 시련이 닥쳐도 꿋꿋이 가족 이데올로기에 충실했기 때문이다.

예를 들어보자. 부인이 전남편과의 사이에서 낳은 자식을 키우고 싶어 한다면, 그것은 일차적으로 그 부부 사이의 문제이다. 하지만 처음부터 끝까지 남편은 시부모의 존재에 가려져 보이지 않는다. 심지어 시어머니는 "내 아들 그냥 두고 네 아들 잘 키우라"고 이혼을 요구한다.

이 가족의 시련은 여기서 끝나지 않는다. 남편과 사별한 후 어린 아들과 함께 시집에 얹혀살던 또 다른 며느리에게 새로운 사랑이 나타나고, 결국 (이 집 핏줄인) 아들을 데리고 재혼을 하겠다고 선언한 것이다. 스무 살이 넘은 여자의 지극히 당연한 결정은 늙은 부모에게 지독한 배신이 되고, 그때부터 가족은 상처를 주고받는 싸움터가 된다.

물론 조금만 기다리면 모든 걸 포용하는 부모의 자식 사랑으로 다 해결된다. 하지만 재편된 인간관계를 있는 그대로 받아들이는 건 불가능하기에, 이제부터 며느리는 며느리가 아닌 딸로, 며느리의 새 남자는 사위로 편입된다. 그렇게 가족은 복원된다. 그리고 그동안의 갈등은 눈 녹듯 사라진다. 유치원 아이들도 싸우고 나면 앙금이 남는 법인데, 어쩌면 그렇게 마법처럼 혹은 백치처럼 해결이 되는가? 왜냐고? 가족이니까.

또 다른 곳에선 자식 부부가 아이를 갖게 하기 위해 어머니가 지극히 사적인 영역까지 개입하다 그래도 성공하지 못하자 결국 갈라놓는다. 이번에도 심각한 건, 여전히 사랑함에도 불구하고 헤어짐을 당하는 두 남녀의 논리다. 더 나아가 효자 아들은 어머니의 뜻을 따라 내키지 않는 재혼까지 한다. 그런데 새 여자가 전부인(시청자들의 연민의 주인공인 이 여자는 노력하되 결코 저항하지 않았다)과 달리 자기 주장을 편다. 당연히 지나치다. 그래야 시청자들의 연민의 방향이 흔들리지 않을 수 있기 때문이다. 그토록 유순하던 남자는 돌연 마초가 되어 뺨을 갈긴다. 왜? 우리 엄마를 흉보니까!

이런 드라마들은 결국 남자—아들을 전면에 내세우는 가부장 이데올로기를 재생산한다. 이것은 흔들리는 삼강오륜을 한탄하는 아버지—어머니들의 위기감의 반영일 수도 있고, 또 어쩌면 그동안 여필종부(女必從夫)를 감수해온 어머니—시어머니들의 한풀이인지도 모른다.

하지만 더 위험한 것은 남자의 부재(不在)다. 이것은 아버지의 부재와 다르다. 흔히들 모권이 강해진 이 시대에 아버지의 부재를 한탄하지만, 아버지는 어머니의 한풀이 뒤에 여전히 숨어 있다. 사라진 것은 아버지가 아니라, 아들이 아닌 그냥 남자다.

모든 남자는 남자이기 이전에 아들이기 때문에, 아들이 아닌 어른 남자, 성숙한 남자가 설 자리는 없다. 모두가 성숙을 거부한 채 가족 안에 웅크리고 있다. 그렇게 성숙을 피하는 어머니 밑에서 자란 아들들, 또 그런 어머니를 본받은 딸들이 만나 결혼을 하기 위해 울고 웃는다. 어쩌면 이런 미성숙을 감추기 위해 우리나라의 결혼식은 그처럼 성대한 것인지도 모른다.

│ 아버지, 아들, 그리고 영웅 │

우리나라 드라마 못지않게 가족을 전면에 내세우는 것
으로 할리우드 영화를 꼽을 수 있다. 차이가 있다면 결혼을 둘러싼 어
머니와 자식의 갈등과 화해 대신, 자식을 구하고 사회를 구하고 세계
를 구하는 영웅-아버지들을 그려낸다는 것이다.

할리우드 영화의 아버지들은 가족을 위해, 선(善)을 위해 투쟁한다.
적들이 인질로 잡은 아들딸을 구하기 위해, 엄청난 자연재해 때문에
위기에 처한 아들딸을 구하기 위해, 심지어 외계인과 맞서는 우주전쟁
중에 아들딸을 지켜내기 위해, 아버지들은 (평범한 노동자이든 최정예 첩보
원이든) 강하고 정의로운 영웅이 되어 나타난다. 나아가 국민의 아버지
로서의 정부도, 세계의 아버지로서의 미국도, 테러에 맞서고 핵폭탄에
맞서면서 나라를 지키고 지구를 지킨다. 심지어 최근 개봉된 「나는 전
설이다」에 이르면 인류 멸망 이후 홀로 남은 주인공이 인류 재건을 위
해 목숨을 걸고 변종 인류와 싸우지 않는가.

현실을 허구로 정제하여 현실을 해석하는 것이 영화라는 예술의 가
장 중요한 덕목이라면, 이런 할리우드 영화는 현실을 지극히 단순한
인공적 현실로 환원시킴으로써 현실을 가리고 왜곡한다고 할 수 있다.
전형적인 선과 악을 설정하고 그 외의 현실들을 소거함으로써 만들어
진 허구는 세상이 그리 복잡하지 않다고, 선과 진리는 언제나 이긴다
고 사람들을 유혹한다. 한마디로 영웅주의와 가족주의를 교묘하게 결
합하여 맛있고 소화하기 쉬운 만찬을 차려내는 것이다.

때로 자식들에게 이해받지 못하는 아버지가 주인공으로 등장하기도 하는데, 그것은 결국 아버지가 영웅으로 변모하는 과정을 더욱 극적으로 만드는 장치일 뿐이다. 예를 들어 할리우드 블록버스터의 상징인 「다이하드」 시리즈 중 가장 최근작인 「다이하드 4」를 보자. 전편들과 마찬가지로 「다이하드 4」는 재난 영화의 긴장과 액션 영화의 스펙터

헐리우드 영화의 아버지들은 가족을 위해, 선을 위해 투쟁한다

클을 교묘하게 결합하는데, 시대의 변화를 반영하여 이번엔 그냥 테러가 아니라 사이버 테러이다. 이에 맞선 주인공 맥클레인은 세속적 가치에 무심하며 오직 자신의 일에 열중하는 형사이고, 바로 그 이유 때문에 가족들에게 인정받지 못하는 아버지이다. 영화 자체가 자신의 인생에 개입하려는 아버지를 노골적으로 밀어내는 딸의 이야기로 시작하지 않는가.

하지만 아버지는 그야말로 놀라운 능력으로(이 남자는 긴장하는 법이 없고, 그 어떤 경우에도 유머를 잃지 않는다!) 하나씩 위기를 헤쳐나가고, 그 모습을 가까이에서 지켜본 딸은 그동안 알아보지 못했던 아버지-영웅을 되찾는다. 그리고 한 걸음 더 나아가 이 아버지는 자기만 영웅이 아니라고, 네가 바로 영웅이라고 함께 싸운 (아마도 곧 딸의 연인이 될) 젊은이에게 말한다.

영화 「찰리와 초콜릿 공장」은 더욱 분명하게 아버지가 아닌 아들이

가족을 구하는 이야기이다. 어린 아들이 영웅이 되는 방식은 당연히 아버지와 다르다. 아들은 욕심 없는 마음과 주어진 여건에 대한 복종심, 그리고 그 보답으로 찾아오는 행운, 오직 이 두 가지만으로 영웅이 된 것이다.

이것은 초콜릿 공장에 초대받은 다른 네 어린이들의 처벌을 통해 잘 드러난다. 뚱보 아우구스투스는 식욕으로 대표되는 탐욕의 상징이고, 모든 종류의 기록에 집착하는 오만한 바이올렛은 교만과 허영의 상징이며, 원하는 것을 즉각 손에 넣기 위해 부모를 몰아세우는 버루카는 부모의 권위에 대한 부정을 상징하고, 뭐든 직접 체험하고 세상을 알고 싶어 하는 마이크는 지적 탐욕을 상징한다. 이들이 문제의 골든 티켓을 손에 넣은 것은 단순히 행운이 아니라 상당 부분 이러한 자질(!)이 기여한 결과이다. 하지만 여기서 중요한 것은 이들의 욕망이 지독한 처벌을 초래한다는 것이다.[2]

찰리의 덕목은 그저 욕망의 부재뿐이다. 욕망이 없기에 주어진 현실에 대해 불만이 없고, 따라서 어떤 위험에도 빠지지 않는다. 찰리는 아무리 현실이 냉혹해도 결코 절망하지 않으며 그저 천진하게 순응할 뿐

---

2 원작에 나와 있는 노래들 중 몇 개를 옮겨보자. 누가 이 책을 동심의 보고(寶庫)라 했는지 당혹스럽다. "이 심술궂고 욕심 많고 비열한 녀석을 먹으면 그 끔찍하고 역겨운 맛이 입안에 고스란히 남을걸. (……) 바퀴가 빙글빙글 돌고 돌아 갈고 메치고 백 개의 칼날이 납작납작 썰고 썰면 거기에 설탕과 크림, 향을 넣어 일분쯤 끓일 거야. 모든 욕심과 뻔뻔함이 펄펄 끓어서 완전히 날아가 버릴 때까지.", "끊임없이 껌을 씹어대던 비글로우 양은 벙어리가 된 채 평생을 어떤 끔찍한 정신병원에서 보내야 했지. 우리가 이렇게 애써서 바이올렛을 바꾸려는 것도 그래서라네. (……) 아직 나이가 어리니까 늦지는 않았어, 우리의 치료 방법을 견디어준다면."

이다. 심지어 자기 눈앞에서 다른 어린이들이 잔혹한 처벌을 받는 모습을 지켜보면서도 분노하지 않는 찰리는, 나쁜 아이다. 교회 가는 날 빨간 구두를 신은 죄로 벌을 받고 결국 자신의 발을 잘라내고서야 벗어날 수 있었던 카렌……. 「찰리와 초콜릿 공장」은 현대판 「빨간 구두」다.

찰리를 영웅으로 만들어낸 건 그의 가족, 그러니까 부모, 조부모, 외조부모 등 여섯 명의 어른이다. 매일 양배추 수프 하나로 끼니를 때워도 가족애와 올바른 예절을 가르쳐낸 그들이 아닌가? 이들의 존재는 다른 네 아이의 부모와 대비되어 더욱 잘 드러난다. 아들만큼이나 뚱뚱한 아우구스투스의 부모, 딸보다 더 욕심 많은 바이올렛의 엄마, 딸의 횡포에 끌려가는 버루카의 아버지, 무기력한 마이크의 아버지……. 모두 아이를 제대로 키우지 못했기 때문에 자녀와 함께 처벌을 받는다.

반면 스스로 순응을 실천함으로써 아들−손자를 착하게 키워낸 찰리 가족은 다르다. 아버지는 아들을 기쁘게 해주기 위해 연중행사로 생일날 초콜릿을 사주고, 할아버지는 손자를 위해 비상금 동전을 털지만, 모두 실패한다. 그래도, 당연히, 아무도 슬퍼하지 않는다. 그리고 마치 보답인 듯 기적이 일어난다. 찰리는 눈 속에 떨어진 돈을 줍고, 골든 티켓을 얻고, 모든 시험을 통과하고, 마침내 거대한 초콜릿 공장의 주인이 되는 것이다.

아무도 원망하지 말라. 화내지 말라. 그러면 기적이 이루어지리라. 힘겨운 현실을 벗어나게 해주는 것은 기적뿐이며, 그 기적을 불러들이는 것은 가족애뿐이다. 이것이 이 영화의 메시지이다.

| '노동–가족–조국'의 이데올로기 |

　　　　　나의 고향인 가족을 향하는 가족 노스탤지어든, 가족을 부정하고 새로운 나를 그리는 '가족 로망스'든, 가족을 둘러싼 꿈들은 불안의 요인이 될지언정, 더 나은 현실에 대한 갈망이라고 할 수 있다. 하지만 본래적 의미의 가족과 유리된 가족 이데올로기는 그러한 갈망을 상상적으로 대체하기 위해 만들어진 인공적 꿈의 역할을 한다. 그리고 이러한 인공적 꿈은 사회가 해결해야 할 모순들을 은폐하는 데 지극히 유용하다.

　다시 말하면 사회를 지배하는 가부장으로서의 권력에 정당성을 보장하며, 동시에 국가가 수행해야 할 많은 책임을 가족에게 전가한다. '나라 사랑'과 '부모 공경'이 슬그머니 짝을 이루어 충효(忠孝)라는 한 단어를 만들지 않는가. 가족의 성원이 남자 혹은 여자이기 이전에 아들 혹은 딸인 것처럼, 국가의 성원은 개인이기 이전에 국민인 것이다.

　이런 음험한 결합의 가장 큰 장점은 개인들을 동원하기 쉽다는 것이다. 나라의 경제가 힘들면 각 가정의 장롱 속에 있던 금붙이가 쏟아져 나오고, 상당 부분 대비 소홀로 인한 인재(人災)가 일어나면 예외 없이 범국민적 성금 모으기가 퍼져간다. 사회의 모순에 대한 반성 없이 이어지는 훈훈한 가족적 행사는 모순의 골을 메우는 온정의 몫만큼이나 가족의 환상으로써 그 모순을 덮는 역기능을 갖는다. 공적인 영역의 개입은 예산이 없어서 미적거리는 동안 어려움의 책임을 개개의 가족들이 떠맡는 것은 따뜻한 사회라기보다는 미성숙한 사회다.

역사적으로도 구성원의 다양한 목소리를 거부한 파시스트 정권이 가장 즐겨 동원한 것이 바로 가족 이데올로기였다. 나치가 대중조작을 위해 가족이라는 노스탤지어를 효과적으로 사용한 것은 잘 알려진 사실이다. 가족이 국가로 넘어가면 민족이 되고, 태생적인 동질성에 기반하는 민족은 언제든 태생적 배타성으로 변질될 위험이 있다.

'나라 사랑'과 '부모 공경'이 슬그머니 짝을 이루어 충효라는 단어를 만들어낸다

프랑스의 친 나치 정권이던 비시(Vichy) 정부 역시 동일한 대중조작을 시행했다. 정치적 정통성 없이 급조된 결함을 보충한 것은 '노동–가족–조국'이라는 구호이다. 열심히 일하고, 가족이 최우선이며, 그것이 곧 조국을 위하는 길이라는 이 기이한 결합은 자본주의 이데올로기, 가족 이데올로기, 그리고 국가 이데올로기가 얼마나 쉽게 결탁하는지를 보여준다.

사실 가족은 내부 결속력이 강할수록 외부에 대해 배타적이며, 따라서 자본주의적인 경쟁에 지극히 적합한 단위가 된다. 자기 절제 속에서 열심히 일한 사람이 그 노력에 합당한 부를 얻는다, 라는 자유경쟁 원칙이 자본주의 사회의 기본원리라면, 경쟁에서 탈락한 자, 그리고 경쟁에 몰두하지 않는 자는 자유경쟁을 통한 사회의 팽창에 저해요인이 된다. 사회의 효율성이라는 측면에서 보면 이들이 어쩌면 페어플레이를 위반하면서까지 경쟁에 매달리는 자들보다 더 위험할지도 모른다.

사회는 이렇게 해서 가족을 지켜내기 위한 욕망을 경쟁으로 내몬다. 특히 모성의 신화와 결합한 소비자본주의는 어머니들에게 소비의 책임을 촉구하는 수많은 광고들을 통해 잘 드러난다. '프로 엄마'는 태교부터 음식, 교육, 심지어 결혼까지, 가족이 경쟁에서 뒤지지 않도록 모든 것을 제대로 선택해서 구매하는 엄마가 아닌가?

　세상을 부모 없이 살아간다는 것은 힘겨운 일이다. 수많은 시련이 기다리고 있고 수없이 분노하게 될 것이다. 하지만 세상은 부모 없이도 살아갈 수 있는 곳이어야 한다. 그렇게 만드는 것이 사회의 의무다. 하지만 가족 이데올로기는 오히려 수많은 고아를 만들어내고(가족을 가장 중시하는 나라에서 해외입양이 가장 많은 이유는 이렇게밖에 설명되지 않는다), 고아가 부모 없이 살아갈 수 있게 만들기보다는 수많은 상상의 부모들을 만들어낸다. 그런 다음, 그 상상의 부모들을 거부하는 자들을, 질서에 순응하지 않는 타인들을 밖으로 밀어낸다. 그리고 밖으로 내몰린 사람들의 목소리에 귀를 닫고, 다함께 목 놓아 외친다. "가족이여, 영원하라~."

호모 드라마쿠스

초판 인쇄 | 2008년 2월 26일
초판 발행 | 2008년 3월 4일

지은이 | 윤진
펴낸이 | 심만수
펴낸곳 | (주)살림출판사
출판등록 | 1989년 11월 1일 제9-210호

주소 | 413-756 경기도 파주시 교하읍 문발리 파주출판도시 522-2
전화 | 031)955-1350   기획·편집 | 031)955-1373
팩스 | 031)955-1355
이메일 | salleem@chol.com
홈페이지 | http://www.sallimbooks.com

ISBN 978-89-522-0814-9

* 잘못된 책은 구입하신 서점에서 바꾸어 드립니다.
* 저자와의 협의에 의해 인지를 생략합니다.

책임편집 · 교정 : 김태권

값 12,000원